Tout est *paysage*

Stéphane Lambert

Tout est paysage

Monet,
Twombly,
Klee,
Tàpies,
Mušič,
Mondrian,
Morandi,
Staël.

L'Atelier contemporain,
François-Marie Deyrolle éditeur.

Sommaire

à Micheline, Martin et Marc,
pour ce village du Vexin,
dont ils m'ont ouvert les portes.

Avant-propos

Longtemps ce ne fut qu'un coin dans la composition picturale, un simple détail en arrière-fond, avant de servir de décor pour accueillir des scènes de genre. Un sujet était requis pour justifier l'œuvre et le paysage n'en était pas un. Cela prit des siècles pour qu'il s'impose en véritable motif alors que par nature il prévalait sur tout autre. “Dieu” avait créé le jour et la nuit, les eaux, le ciel et la terre, la végétation et les arbres, le soleil et la lune, avant les hommes. Peindre le paysage c'était un peu comme revenir à un temps où l'on n'existait pas.

Après avoir célébré la beauté des éléments, l'artiste avait voulu pénétrer le mystère qui s'en dégageait. Et s'approchant de son objet, s'enfonçant dans ses couleurs et ses formes, il avait rejoint l'abstraction. Le paysage était encore un horizon – presque une fête. Mais quelques décennies avaient suffi à opérer le grand renversement. Une ombre avait envahi le tableau. Le paysage n'était plus déductible de l'empreinte des hommes. Le bucolique avait laissé la place à un autre sentiment pour lequel il manquait un adjectif: il y avait dans ce que l'on voyait cette autre chose que l'on savait – qui menaçait sa pérennité (sa joie).

Hiroshima, Fukushima, l'ère nucléarisée avait donné des images à l'apocalypse. L'art était désormais confronté à l'idée d'un après-paysage. Comment créer dans la décomposition ? Et pourquoi ? Que valait l'art dans un champ de ruines à l'approche d'un possible anéantissement ? La question contenait sa réponse. Là où venait cruellement à manquer ce qui fonde, là où l'harmonie s'était désagrégée au profit d'un inquiétant chaos, la nécessité d'un geste qui compose, d'une vision qui donne forme au trouble toujours plus aigu d'être là, ne s'imposait-elle pas encore davantage ?

Tout est paysage, affirmait Dubuffet, en ce sens que tout est composition, tout est quête d'une unité perdue, tout est signes assemblés, tout est matière à être embrassé du regard, à interroger le vivant au-delà de soi-même. Visage. Corps. Arbre mort. Tout ce qui traverse l'espace du réel est en droit d'être appréhendé par le lien qu'il nous tend. Tout ce qui noue une émotion se doit d'être traduit. Que vaudrait sans ça le monde si on le laissait entre les seules mains de la dévastation, si l'essence poétique qui nous y attache envers et contre tout ne l'ouvrait pas à des entendements insoupçonnés qui nous font voir dans la noirceur d'autres nuances que pure noirceur ?

Tout est paysage car tout paysage est dépassement.

CLAUDE MONET

L'Adieu au paysage

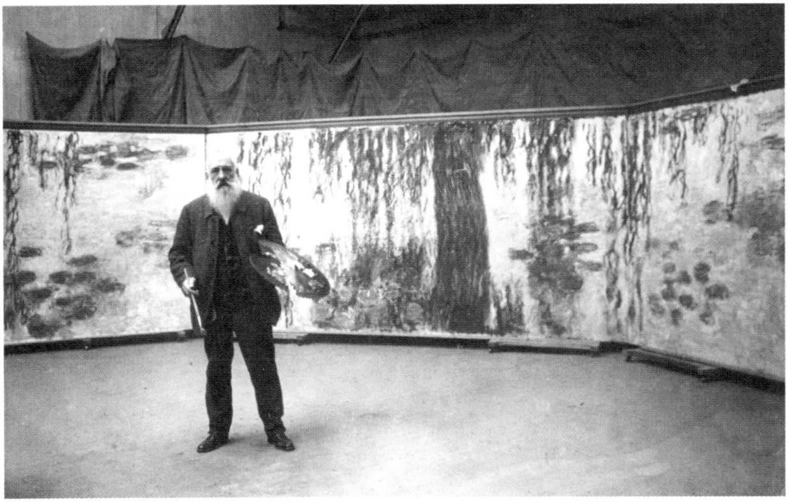

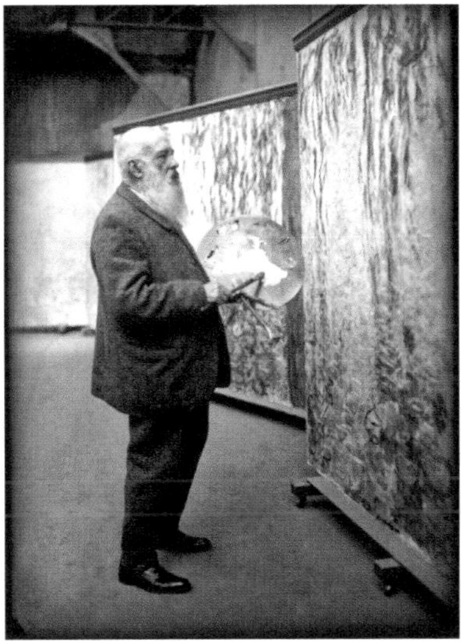

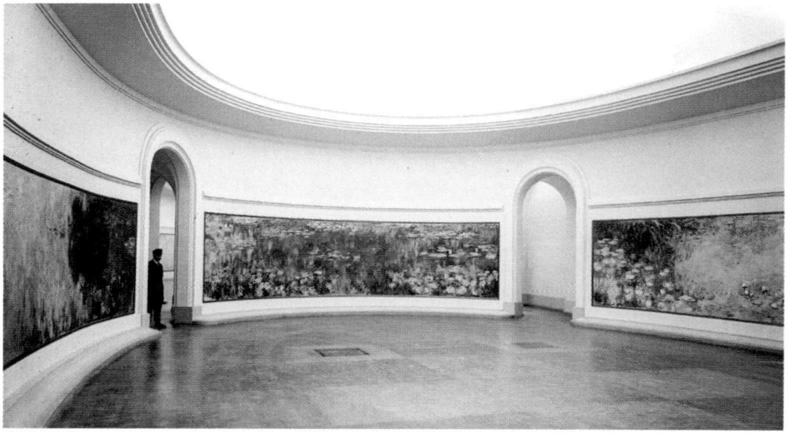

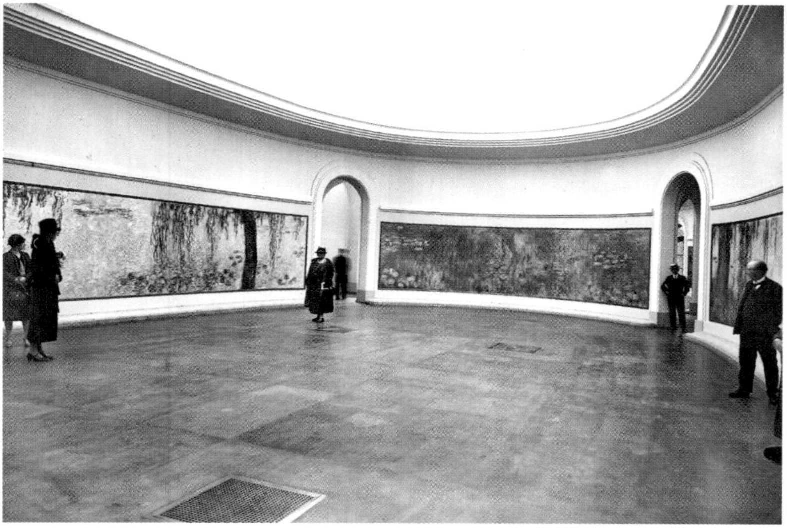

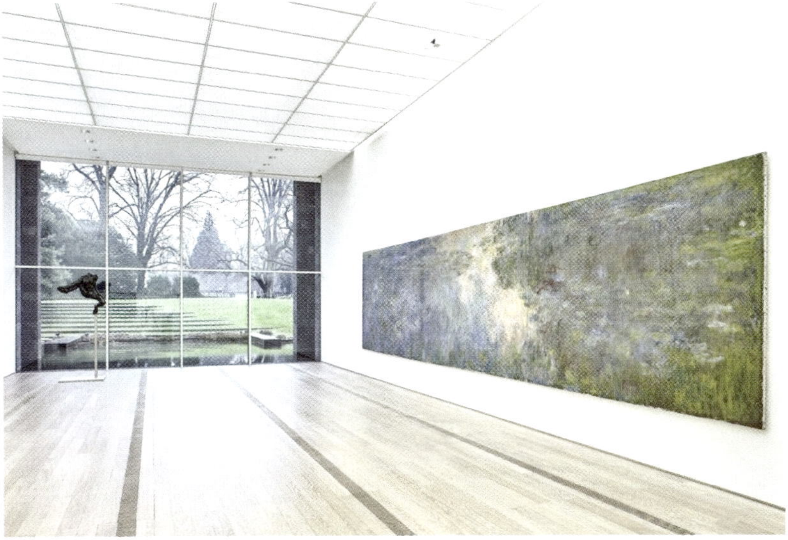

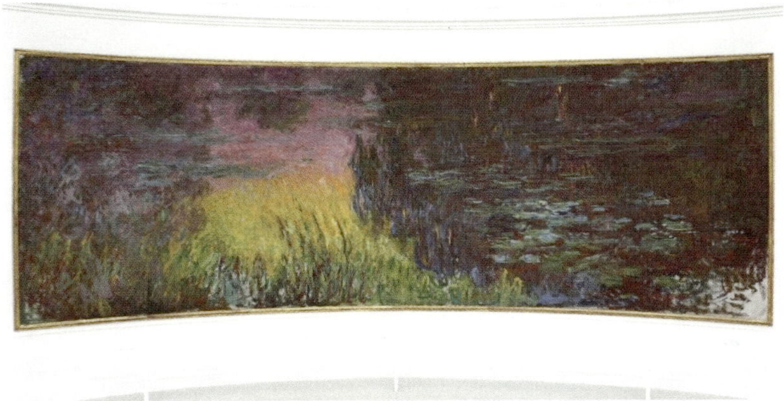

On dit adieu à ce qu'on aime et c'est la meilleure manière de lui dire bonjour en vrai.

Nicolas de Staël

À l'Orangerie dans deux grandes salles ovales les Nymphéas *de Claude Monet. Des miroirs d'eau où affleurent les Nymphéas à toutes les heures de la journée, le matin, l'après-midi, le soir, la nuit.*

Paul Claudel

Prologue

Temps mauvais. Pas mis le pied dehors. Sans raison apparente, ces mots ont pris d'assaut ma boîte crânienne. S'y répétant mécaniquement comme dans la cuvette d'une montagne. En fait, dans le ciel, pas l'ombre d'un nuage. Été indien. Le soleil est presque étourdissant. Un vent rafraîchissant arrive de la Seine. Je viens de traverser les Tuileries où, comme toujours dans les parcs parisiens, à la clémence du climat répond un rassemblement populaire. Une sorte de liesse paresseuse. Aucune véritable agitation, si ce n'est les inévitables cris des enfants – et encore : étouffés sous la tranquille clameur. Je pourrais me contenter de ce tableau. Prendre une chaise au dossier incliné, m'installer au bord d'un bassin. Poser les pieds sur le rebord en pierre. Oublier mon livre au fond de mon sac. Traîner. *Se laisser gagner par l'insouciance – le simple bonheur d'être là.* Fermer les yeux. Puis, les rouvrir, légèrement ébloui par l'intensité de la lumière, observer les reflets, les mille vibrations flottant à la surface de l'eau. Tenter de recomposer la toile nette du réel. Ou au contraire accepter le trouble de cette spectaculaire métamorphose. De la matière transformée en ondes, en une masse de couleurs amalgamées. Réalité incandescente. Mais non ! je ne me laisse pas distraire par l'invitation du décor, je poursuis mon chemin, vaille que vaille. Au diable, les agréments citadins, l'illusion d'un tiède après-midi, je file vers l'Orangerie, où m'attendent, comme les rêves que je ferai la nuit qui vient, les gigantesques toiles testamentaires de Monet, véritables poèmes chromatiques, et où déjà j'aperçois mon malheur : une file pressée de visiteurs.

*

Quarante-trois ans de sa vie à Giverny. La moitié d'une existence d'homme. Mais comment calculer cela ? Les dernières années sont-elles du même calibre que les intermédiaires ? N'y a-t-il pas, passé certaines bornes, un mode silencieux au temps qui s'enclenche, ouvrant de nouvelles portes, une dimension parallèle où le décompte des jours n'est plus qu'une donnée d'apothicaire ? Une autre perspective s'est mise en marche. Elle ne concerne que la profondeur du présent. Une plongée dans l'infini de chaque seconde. Ces années, en se rapprochant du but ultime (voyez cela comme un mouvement centripète : retourner au cœur de la cible), se sont davantage imprégnées de ce qui les entourait. Inévitable confusion entre l'espace et le temps lorsqu'on habite intensément un lieu. Chronologie engloutie dans l'atmosphère. Giverny a enflé ses journées – est entré dans son sang. A quelques mètres de la Seine, Monet a bâti le dehors de son être, l'habitacle et le décor de son œuvre. C'est quelque part à la lisière de la Normandie, aux confins du Vexin, le long d'une route prolongeant celle qui relie les villages de Vétheuil et de La Roche-Guyon. Un micro-monde que je connais un peu pour m'être promené en contrebas des falaises de craie blanche, où la toponymie résonne comme celle d'un pays enchanté, ainsi que le suggère Chérence, un nom de prince charmant pour un petit village de pierre où dorment les os de Nathalie Sarraute. Là-bas une invisible barrière filtre les bruits échappés du monde, décharge du fracas les échos de la guerre. Le fleuve a adopté la lenteur des chalands. Si vous suivez les longues péniches remontant mollement le courant de la Seine, vous arriverez à la capitale où je vous attends. À l'angle des Tuileries. Où s'ouvre le palais aux nymphéas. L'Orangerie.

Première partie

Cela n'aurait pu être rien d'autre qu'une obsession de peintre mégalomane. Le couronnement capricieux d'un artiste au faîte de son œuvre et de sa gloire, chef de file d'un mouvement (l'impressionnisme) qui avait marqué l'histoire de l'art. Le vieil homme avait passé la guerre (« la sale guerre ») calfeutré dans son domaine de Giverny, tantôt cultivant son jardin qui était son orgueil, tantôt étalant et mélangeant sur des séries de toiles innombrables des verts et des bleus. D'autres ne connaissaient alors de la nature que la dureté de la terre où creuser des tranchées et des tombes. Puis, un armistice avait sonné la fin des hostilités. Et pour célébrer la paix (« la Victoire ») le peintre s'était proposé d'offrir à la France deux panneaux dits décoratifs, fruits de son propre combat pour saisir l'âme de la matière. Recoupement pour le moins surprenant : la fin de la boucherie commémorée par les eaux végétantes d'un étang. Mais on le sait, l'affaire n'avait alors pas abouti, et il avait fallu retarder la mort de quelques années, élargir – élaguer – l'horizon, s'atteler à vaincre l'ombre de la cécité pour voir encore, au moins « un peu », ce qu'il aimait, « le ciel, l'eau et les arbres », reprendre le chemin de l'atelier immense construit pendant la guerre, non pour s'extraire de la réalité mais pour entrer davantage dans sa substance, deviner à travers ces ténèbres commençant à se former devant lui l'au-delà de l'apparence. Il aurait certainement pu tout lâcher sans ce retard de la donation, à présent que tout le monde était mort, Alice, Jean, et Suzanne, et dans le lointain Camille, ô Camille, tant de temps s'était déjà écoulé depuis lors, Camille, *le temps dévore ses enfants*, était-ce encore la même vie, était-ce le même corps qui l'enveloppait aujourd'hui que celui avec lequel il l'avait aimée, passionnément aimée, et comment était sa peau à elle alors, il ne pouvait plus précisément s'en souvenir, elle avait mué en quelque chose d'incertain, tant de saisons s'étaient succédé, tant de terre retournée, de fleurs fanées, tant de résurrections, la vue avait baissé il n'y avait pas de doute, la barbe était blanche, d'un blanc dont on savait qu'il était le bout de la couleur, gamme ultime avant l'effacement, il avait la terrible impression qu'il était le seul désormais, seul survivant du grand cataclysme. C'est pourquoi, vous comprenez, le regard qu'il offrait humblement, ce qu'il avait enseveli dans le regard offert, lui semblait être plus que sa vie : des milliers et des milliers de vies disparues dans la guerre, éparpillées dans le grand rien, rapatriées dans la vision de l'étang, étendue vers une contrée imaginaire où habitait l'humanité en poussière. Car telle était la véritable version de la dernière grande tentation du peintre, absoudre le monde dans une parcelle d'eau, dans une éclaboussure de bleus et de verts.

L'effort que cela avait coûté ! Les réveils chaque matin avant l'aube, pendant plus de vingt ans, à observer le jour se lever, prendre d'assaut le décor, pour saisir, minute après minute, toutes les tonalités de la lumière, de sa réverbération, absorption, à la surface de la terre, dans la nappe d'eau tranquille. Voir les contours se former, se diluer, se confondre. Décomposer l'épaisseur en dégradé de pigments. *C'est là, oui c'est là que le monde s'unit.* Tenter de pêcher l'indomptable totalité. Les heures à douter, à ne rien prendre d'autre que de l'air. De la fumée de cigarette. Des toussotements. La multiplication des points de vue. Soudain, pour se distraire, la construction d'un pont japonisant. Le tâtonnement. Finalité jamais atteinte (indéfinie). Reculant chaque soir comme la marée. L'attente d'un nouveau réveil. Avant cela encore, il avait fallu braver les administrations, les revers de fortune, pour créer cette atmosphère propice de « laboratoire esthétique ». Et dès que les autorisations avaient été obtenues, détourner un cours d'eau (l'Epte) pour alimenter les étangs. Ici il voulait à tout prix reconstituer le monde. Concentrer l'univers. Démesure du peintre horticulteur qui s'était employé à rassembler autour de lui des végétaux des quatre coins du globe. La botanique déployait là son vocabulaire. Saules pleureurs de Babylone, glycines, azalées, bruyère, houx, fougères, kalmias, rhododendrons, rosiers, iris *sibirica*, jaunes et mauves, de Virginie et du Japon, kaempferi, pivoines, cytises, arbres de Judée où naissent les papillons, bambous, pétasites, thalictrum, tamaris, sans oublier toutes les variétés de nénuphars, « dialectique de la plante aquatique », philosophie du vert. Que d'efforts, de floraisons ! De moments où la lumière devient source de douleur ! Puis de brusques et saisissantes épiphanies ! Car la vieillesse pesait tellement qu'on avait l'impression que la jeunesse n'avait été qu'un rêve du passé, une illusion, et que ce corps aussi lourd, aussi étranger que la peau d'une bête, il fallait le porter comme le tribut de la vie qui n'avait pas encore cédé. Alors ces plis dans l'épaisseur du derme, ces nervures proéminentes, ce dehors qui craquelle, et ces organes qui, à force de fonctionner, s'usent et font des leurs, c'étaient la récompense des années qui nous avaient été données. Et le chagrin qu'on sentait remuer en soi était au fond un baume bienfaiteur. Les humeurs s'acclimataient aux saisons. Ces nuages qui embrumaient l'atmosphère, telle une fumée d'opium ou de chemin de fer, dessinaient un chemin vers l'ailleurs. Le ciel bleu lui paraissait si mièvre qu'il souhaitait le briser dans les reflets de l'étang. Porcelaine fracassée en merveilleux débris. Et les reflets eux-mêmes, il les noyait dans l'opacité de l'eau. Chaque jour apportait sa graine. Chaque matin révélait sa nuance. Couleurs pastel du printemps, éclats éblouissants de l'été, maturité de l'automne, dépouillement de l'hiver. Peu à peu le décor devenait cimetière qui avait tout avalé. Tableau omnivore qui, après le paysage, commençait à dévorer la vue. Car lentement le peintre devenait aveugle, Giverny se transformait en jungle marécageuse, où il s'aventurait en véritable explorateur, à croire que ce seraient bientôt ses yeux qu'il donnerait à la France, et à mesure que sa vue le quittait le projet devenait pharaonique, l'horizon s'enfonçait dans l'horizon comme un soleil crépusculaire, et son regard plongeait dans cette nuit sans plus rien reconnaître. Oui, l'effort que cela avait coûté pour ne pas céder aux sirènes de la peur, l'effort d'une infatigable quête cherchant à livrer la vision d'une vie qui s'éteint.

Alors, quand il n'y avait plus rien eu à déplorer, il n'était resté que la certitude d'être dans la bonne direction, nulle perspective claire, la conviction fragile, et parfois ombrageuse, de creuser au bon endroit, sourcier illuminé et affaibli, qu'alimentait et renforçait la foi en son art, une foi combative, que n'arriveraient pas à atteindre l'indifférence et le mépris. Après ce siècle qu'il avait enterré, un siècle nouveau était né, le monde avait changé, on le disait, de même qu'on devait dire de lui qu'il était terminé. Que son art était mort avec le siècle enfoui. L'impressionnisme n'impressionnait plus personne, allons bons, ce vieux monsieur vivotant à l'écart des révolutions, que l'on disait presque aveugle, on le plaignait un peu, quand on le visitait, à voir son obstination à ne pas renoncer aux pinceaux, à barbouiller des toiles avec des couleurs presque crasseuses, comme le feraient des enfants, il fallait bien que vieillesse se fasse. Le monde était en train de se redessiner, les bolcheviks avaient pris le pouvoir en Russie, Picasso et Breton avaient fait de même à Paris, tous les jours la modernité était réinventée, dans cette frénésie du neuf la suspicion pesait sur ceux qui incarnaient le passé, et l'isolement du vieux maître dans son domaine éloigné de Paris apparaissait comme un embourgeoisement de vieillard, le confort avait été mis à mort par les bombardements de la guerre et le renouveau tonitruant de l'art, on ignorait seulement que la modernité n'était pas l'apanage des jeunes années. Car lui sentait qu'il n'était pas arrivé, qu'il n'était pas au bout du voyage – comment expliquer autrement son exceptionnelle endurance. Il sentait (la certitude) qu'il y avait encore des coups de pinceaux à donner, que quelque chose se tenait devant lui qu'il devait encore saisir. Ah ! et nul n'aurait pu croire, nul même ne voulait croire, à l'acharnement d'un artiste au terme de son parcours, au génie démodé, nul donc n'aurait pu se douter, si ce n'était ce cher Clemenceau, que le miracle viendrait de là, de Giverny, de ce combat solitaire et insensé contre des plantes et la lumière.

C'est ainsi pourtant qu'allait éclore un cycle gigantesque, la plus accomplie et la plus ambitieuse des œuvres du XXe siècle, qui mettrait à ses pieds les principaux tenants de l'art moderne. Alors que certains s'empressaient de bricoler des formes insolites, pavoisant journellement dans les rues de Paris, dans les bistrots et les brasseries à la mode, affichant leurs dernières innovations en date comme s'ils fabriquaient eux-mêmes, en publicitaires patentés, les marques de leur retentissant succès, la mutation s'était opérée ailleurs, en secret, sans éclat, dans la patience du lent travail au quotidien, une retraite faite de douceur et d'âpreté, immersion dans le silence où résonnaient seulement le clapotis de l'eau et ses échos dans la tête, oui, un silence dans lequel parfois on avait le sentiment de se perdre, loin de l'excitation fiévreuse de la ville, dans une solitude profonde, le seul lieu à vrai dire où la création tienne, car il n'y a pas de port dans cette traversée, brouillard dans lequel on s'enfonce, qui offre quelquefois une éclaircie aux sens, accalmie qui permet certains soirs de se poser sur une chaise en osier en bordure des étangs, une cigarette allumée entre les doigts, comme sur le pont d'un bateau, face à la masse de l'horizon assombri, deviner la mer, et guetter la nuit, savourer cet instant de détente, oh ! il y avait quand même une justice, se disait-on alors, en observant la fin des choses, d'avoir pu ramener ce silence dans la toile, que ces jours passés à observer, à attendre, se soient convertis en couleurs, il y avait une justice qui donnait raison au plus indicible des labeurs, une sensation par laquelle on savait que créer était exister à travers l'œuvre en cours, bientôt accomplie, et il aurait tant voulu que l'art s'arrête là, au simple geste de créer – non pas l'art pour l'art, cet esthétisme qu'il jugeait par trop vaniteux, mais que l'artiste s'absolve dans l'acte créateur, que son bonheur soit l'œuvre. Hélas ! soupirait-il, se rappelant le vide qui s'engouffrait en lui après chaque apnée. Hélas, ce puits où murmurait déjà sa propre mort, il fallait le combler. Se distraire du naufrage avant qu'il ne survienne. Et lorsqu'on travaillait dans le vertige, il fallait dompter cette béance où l'on voisinait avec le pressentiment de sa disparition, apprendre à marcher sur un sol dérobé, empêcher le décor de se transformer en désert lorsque la contemplation se figeait dans le néant qu'elle cherchait à dépasser. Hélas ! ce corps que je suis me pèse. Et cet esprit, je ne suis pas sûr, sinon dans l'élan de la toile, qu'il soit autre chose que débordement de la matière.

Le peintre s'était lancé dans la tâche la plus concrète et la plus abstraite de son existence : absorber cet espace d'eau qui absorbait tout. Creuser dans la matérialité du réel pour ouvrir l'art. On a pu lire beaucoup de commentaires à propos des *Nymphéas*. Monde à l'envers, horizons supprimés, affranchissement des bords... Il semble que, dans l'ardeur résolue à capter l'intimité de la nature, les formes soient vouées à s'effacer d'elles-mêmes au profit de leurs spectres et de leurs amalgames. Que, dans ce spectacle observé avec minutie chaque jour, n'apparaisse plus que la *religiosité* de la composition. Que la vision réunisse l'épars, réconcilie les contraires – guerre avalée dans le calme retentissant de ce bout de monde pour regagner la paix avant de mourir. Car de lui (l'artiste), dépendaient nos lendemains. Démiurge capable de neutraliser la météorologie. Magicien censé faire apparaître le ciel dans un morceau d'étang. Passeur du Fleuve, entraînant l'âme d'une rive à l'autre. Et combien de fois n'avait-il pas fallu recommencer l'épreuve ? Reprendre le fil. Replonger. Se confronter à la loi des séries. Se poser devant l'objet de la vue – les falaises d'Etretat, la cathédrale de Rouen, les peupliers du bord de Seine, les meules de foin, le Parlement de Londres, la *Salute* à Venise, le pont japonais, les fleurs – et ardemment vouloir le saisir alors que son apparence se dérobait déjà à son apparence première, le ressaisir, dans une démence de peintre toujours insatisfait, ne lâchant pas sa proie tant qu'elle résistera à son regard, à ses mains tentant de la fixer sur la toile, reprenant chaque matin sa corvée, et chaque soir se désolant de l'inabouti. La création est un bateau instable. Oscillant entre fermeté et relâchement. Lui (le peintre) que le déchiffrement des formes, que la lecture des contours laissait indifférent, que cherchait-il au fond derrière les motifs scrutés par ses yeux ? Dans la réalité il ne semblait voir que flots et vapeur. Vagues successives se diluant dans un mouvement continu. Le paysage bouillonnait sous son impulsion. L'art forçait l'univers à livrer sa secrète dimension, telle une science traquant l'atome de manière acharnée. Oui, le peintre cherchait, et cherchait encore, à traduire ce qui forgeait le monde réel, tapi dans son invisibilité ? N'était-ce pas alors une idée de dieu qu'il pourchassait ? Un dieu unificateur et païen, puisqu'on disait le maître athée. Une puissance informelle qu'il voulait démasquer. Les œuvres opérées jusqu'à ce jour, jusqu'à ce fameux cycle des nymphéas, n'avaient servi qu'à aiguiser son regard pour percer ce mystère qu'il flairait animalement devant lui.

Et l'on en vient à se demander pourquoi il avait choisi un si étrange objet d'observation (les nénuphars), lui qui disait ne pas accorder d'importance au motif, qui avait pris l'habitude de peindre des cathédrales, des falaises, des fleuves, des monstres en quelque sorte, comment en était-il arrivé à ce confinement, auquel il allait donner des proportions gigantesques ; et c'était pendant un séjour à Londres, une ville dont l'atmosphère brumeuse l'avait gagné, alors que je faisais mon habituelle randonnée dans les salles de la National Gallery, que je me suis mis à observer les quelques Monet conservés, qui illustraient parfaitement les différentes périodes de l'artiste, des prémices jusqu'à l'aboutissement, et cela m'avait très vite frappé, comme une évidence, la place essentielle que l'eau occupait dans son œuvre en devenir, la présence de plus en plus grande, de plus en plus centrale, de l'eau dans les tableaux de Monet ; et pendant des décennies, ne pouvais-je m'empêcher de penser, il s'était trompé de motifs, croyant peindre des falaises, l'activité d'un fleuve, des baigneurs à la Grenouillère, le Parlement de Londres, l'église Santa Maria della Salute à Venise, des peupliers au bord d'une rivière, le pont japonisant au-dessus des étangs, mais ne peignant au fond que l'eau, à partir d'elle, avec elle, en contrepoint, en écho à ce monde ; même absente, on la devinait dans la fumée s'échappant d'une locomotive et se répandant sous la verrière de la gare, dans la destination du train à quai qui n'était encore qu'une pensée alimentant l'imaginaire. Et c'était dans la même fièvre, celle de la loi des séries, que pendant plus de cinquante ans il s'était obstiné à ne pas voir ce qu'il cherchait. À Londres il avait peint pas moins de dix-neuf vues du Parlement, laissant presque la Tamise de côté, transférant sur le *fog* la tâche de brouiller la réalité, comme si cette brume, qu'on retrouverait dans l'atmosphère des gares, dans la patine de tant d'autres œuvres, matérialisait déjà le flou de sa vision ; et en cherchant ainsi d'autres motifs dans la clarté aveuglante, sans jamais vraiment s'arrêter sur la puissance de l'eau voisine, il épuiserait tant de lieux et fatiguerait ses yeux ; mais désormais, de même que sa vue allait baisser, il abaisserait doucement son regard, du ciel, si souvent nuageux, vers l'eau, le déclin de l'âge l'amènerait lentement à délaisser les sujets extérieurs pour se concentrer de plus en plus sur la teneur d'un étang, jusqu'à y englober la totalité de la vie ; car d'abord il s'était mis à peindre sur un bateau au milieu de la rivière pour mieux approcher la vérité de l'eau, puis sur le pont japonais, comme pour être au cœur de ce qu'il peignait ; mais après, après les années et les années passées à Giverny, qui avaient fait de lui un indigène aussi implanté que la végétation, il ne passerait plus par un tel subterfuge, il appartiendrait à ce monde qui l'avait happé comme lui l'avait capturé dans sa peinture ; mais cela remontait bien plus loin encore, l'eau, l'empire de l'eau, ainsi que me le rappelait cette vue du port du Havre, oui, cela remontait à l'enfance, évidemment, toute une enfance passée au bord de la mer, cela imprime une facture définitive dans la trajectoire d'un peintre, l'eau, l'empire de l'eau, cela vient se loger dans le fond des pensées, dans le moindre recoin de la matière observée.

Alors que le pont japonisant serait lui aussi recouvert par la végétation, Monet avait tué l'impressionnisme en renversant son mouvement. L'on pourrait parler de symbolisme à propos d'un peintre inventant ainsi son motif – qu'était Giverny sinon une projection de son âme, une construction de son imaginaire – mais l'histoire de cette œuvre ultime outrepasse la problématique d'une classification. C'est le cheminement d'un homme seul à travers le dédale du monde et le labyrinthe intérieur, qui va donner raison à sa seule foi d'avancer dans la direction qu'il sent être la sienne, avec les errements, les obstacles, les ratés, que cette obstination suppose, et qui va faire mentir toutes les idées reçues. Car dans cette œuvre ultime, qu'il dénommerait « décorative » – puisque le décor avait tout absorbé –, nonobstant son âge qui aurait dû le condamner à la régression, il dépasserait en audace ses confrères, et pas que ceux du passé (ses complices morts de l'impressionnisme), mais également les jeunes contemporains, si avides d'innover. Car c'était à l'écart (où lui parvenaient quelques échos de l'actualité), par un lent processus de mutation auquel son parcours l'avait préparé, qu'il balayerait son retard : il était né en 1840, et voici que dans ces années vingt d'un autre siècle, années qui, il est vrai, seraient connues pour avoir perdu la raison, sa démarche deviendrait plus radicale que celle de tous les mouvements modernistes, mais sa radicalité serait l'apothéose de sa recherche solitaire. C'étaient ses tranquilles méandres qui l'avaient mené à ce couronnement dans la dilution, cela n'aurait pu être qu'un point final ou une œuvre disproportionnée, – et c'était un départ.

Deuxième partie

Après les quelques années où le dessein de Monet d'offrir les *Nymphéas* à la France se heurta symptomatiquement à sa propre indécision – ses caprices de diva et ses doutes d'artistes avaient trouvé réconfort et admonestations en l'amitié fidèle et éclairée de Clemenceau –, la donation trouva sa place dans ce coin des Tuileries. Le peintre avait lui-même choisi le lieu, dirigé ses aménagements. Il eut la délicatesse de mourir avant que ne s'ouvrent les portes au public. C'est ainsi que, sur ces longues étendues d'eau apparemment dénuées d'existence animale qui tapissent les murs des deux grandes salles ovales de l'Orangerie, plane un chant funèbre, cygne aussi solitaire qu'absent à la vue des dévorants visiteurs. Il avait donc fallu donner sa vie également. À l'issue des efforts titanesques qu'avait dû fournir le vieux maître pour réaliser son chef d'œuvre, il ne lui restait plus rien, ni force ni vie : il culminait au bord de son néant. Ce serait si simple (si faux) de croire que l'on disparaissait si facilement après s'être délesté. Pour lui, la nuit était tombée. Mais quelque chose encore l'attachait à ce vide. Main empoignant obstinément ce qu'il ne voulait pas lâcher. Instant tremblant pareil à ces moments où, à travers l'opacité naissante, apparaissait une fragile lueur dont on ne savait si elle allait basculer dans l'obscurité ou la lumière. De même, dans le calme vibrant des couleurs de l'étang reproduit, s'écrivait un silence palpitant comme un cœur arraché déposé sur le sol, milliers et milliers de corps remuant dans la mort.

(Pour la santé des visiteurs, le peintre s'était donc effacé. Enterrées, les origines mortelles de la matière étalée sur la toile. Évacué, le poison de l'art. Sa démultiplication dans les couloirs de la culture universelle avait fait de la palette de Monet un objet commun, connu de tous. Une image rassurante.)

C'était un matin à la Fondation Beyeler, dans les faubourgs de Bâle, que l'idée m'était venue, ou plutôt qu'elle s'était imposée à moi, d'écrire sur les *Nymphéas*. Une évidence qui s'était manifestée en découvrant l'un des panneaux décoratifs de Monet jouxtant l'étang du musée. L'eau léchait littéralement la vitre derrière laquelle elle se métamorphosait en peinture. L'art et la nature se retrouvaient dans cette architecture contemporaine, conçue par Renzo Piano, si pertinemment qu'on ne savait lequel de ces deux éléments mettait l'autre en valeur. L'impression avait été suffisamment puissante pour qu'elle se maintienne en dépit de mes sempiternels reports et découragements. Écrire sur les *Nymphéas*. Cela tombait sous le sens. Les nénuphars m'avaient frappé au bon endroit. Leur volonté de parole n'en démordrait plus. Étaient-ils responsables du climat pluvieux dans ma tête alors que j'avais traversé les Tuileries sous un grand soleil ? Je m'étais enfin décidé à mettre à exécution mon projet d'écriture, j'avais toujours aimé suspendre la clameur des villes en me réfugiant dans leurs parcs : il s'agirait, pour l'occasion, d'un excellent prélude à l'introspection qu'exigeait l'art. L'Orangerie avait été conçue comme un sanctuaire. Une sorte de pronaos donnait la sensation de pénétrer dans un temple. Les naïades faisaient l'objet d'un culte. Le calfeutrage tamisé des verrières isolait ce lieu du reste de la cité.

Aquarium où survivaient quelques rares spécimens. *Les âmes grises apprécient les couleurs de l'abîme.* J'avais trouvé mon asile. Façon de parler, hélas, car c'était sans compter la croisade des infidèles qui n'avaient d'autre but que de ramener une poignée de terre sacrée dans leurs appareils numériques. J'allais enfin, si je parvenais à m'abstraire de l'afflux permanent, atteindre mon objectif. La tentation de l'étang était presque à ma portée.

Première salle. Mon impression manqua de me faire vaciller. Écrire sur les *Nymphéas* ? Allons bon ! que m'étais-je imaginé ? D'abord le regard se perd, il cherche à s'établir quelque part, à fixer un détail, s'arrêter sur un pan précis, trouver une proie à laquelle s'agripper, mais la salle est ovale, la luminosité n'offre aucune prise, et sur les toiles, nul repère. Il allait falloir s'acclimater à ce paysage imprenable. Renoncer à l'idée classique de description – aucune serrure n'indiquait l'accès de l'œuvre, tout se passait *au dehors*. Dans ce vaste dépôt hors de soi d'un fond de l'être prenant forme dans une matérialité incertaine et floue. Par quel bout le peintre avait-il bien pu commencer ? À ce jeu trouble des couleurs, emmêlement d'humeurs, de moments du jour, de saisons de l'année, toute lecture ancienne était périmée. L'humanité, elle-même, n'était d'aucun secours puisqu'elle s'était désintégrée dans la nature, forgeant une vision commune où la réalité était totalement réinventée (réinvestie). Le ciel s'était retourné. Ou les arbres. Que savait-on encore des lois de la gravité ? Monet n'était-il pas seul maître en son univers ? L'horizontalité n'était-elle qu'un délire de nos sens ? L'enfer était un gouffre lumineux. La joie, un matin pleureur. Les plantes se développaient comme un organisme. L'eau *était* ce qui, de près ou de loin, l'entourait. Source et réception. Écran de projection de la vie et vie. Les ombres et les reflets avaient la consistance de véritables phénomènes noyés dans l'épaisseur de l'étang. Car, sur cette surface où les nénuphars dormaient avec les nuages, où l'insaisissable s'était posé, les nymphéas étaient les seuls indices. La vue du peintre avait débusqué une autre manière de voir. La vérité remuait dans la confusion. La tête nous tournait déjà. Le paysage devenait intérieur. L'alternance était alcoolisée. Zone claire. Zone obscure. Zébrures magnétiques. On devinait la terre quelque part sous nos pieds, empêchant l'étang de s'écouler. Car la terre, c'était l'art de retenir le monde.

Seconde salle. Le champ de vision est un *no man's land* où nagent et volent, flottent ou se reflètent, s'estompent ou s'amplifient les éléments divers qui composent l'embrouillamini des sensations. Images imprécises attrapées par le peintre. Délivrées dans leur teneur confuse. Comme d'antiques couches de vie baignant dans la transparence du présent, d'anciennes réalités à la vigueur réanimée par notre vue. Ah ! les âmes, murmure-t-on sans savoir ce que nous désignons. N'y a-t-il pas toujours un autre horizon derrière celui que nous voyons ? Ainsi la terre est ronde. Et les couleurs ne sont jamais distantes. Les mythes remontent jusqu'à nous parce qu'ils sont l'histoire de notre chair. Nos peaux sont aussi parsemées que du papier, et l'on invente chaque jour de nouveaux hiéroglyphes. Et comment, se demande-t-on, le peintre était-il parvenu, dans un espace aussi restreint, ce presque rien d'eau et de nature apprivoisée, à pénétrer l'essence du vivant, à orchestrer un si gigantesque émoi ? comment, en tranchant dans la matière, en découpant des morceaux d'atmosphère, comme on le ferait d'un pain, Monet avait-il composé l'image perpétuelle d'un cycle sans fin – l'enchaînement des deux salles ovales ne formaient-elles pas le chiffre de l'infini ? Et comment, se demande-t-on encore, faute de réponse raisonnable, avait-il vécu cet homme qui avait peint cela, comme un moine ou un prophète, que le sol inspire, en déterrant ses secrets, exposant ses nuances, entrant peu à peu, à chaque touche de couleur, dans une mort éblouissante, une ample décomposition, comme un éparpillement dans le dehors de ses propres cendres encore étincelantes – et comment, me dis-je à nouveau en me rebellant contre les circonstances, comment certains visiteurs piétinaient ce jardin cultivé, disaient préférer telle ou telle partie, alors qu'il n'était question là-dedans que de globalité, et pourquoi remorceler ce qui avait été, par le mouvement et la fusion de l'art, réuni, confondu, sinon justement pour faire disparaître le travail de l'artiste, lui qui n'avait pas eu la bonté de les inclure dans sa toile, et pour se venger ils se photographiaient devant, reprenant la place que le peintre ne leur avait pas accordée. Et misanthrope je me mettais à rêver de ce grand désert d'eau après la disparition des hommes où seul régnerait ce travail de titan, œuvre à ce point accomplie qu'elle ne nécessiterait plus aucun regard, elle n'aurait plus à convaincre ni à séduire personne, elle serait là simplement comme une pierre.

Et dans ces variations de l'étang un voile soudain se posait sur la pensée, qui reléguait la pleine activité de la nature dans un arrière-pays, comme si elle n'était plus qu'une étrangère s'éloignant de nos yeux, mais déjà un vent se levait, une fraîcheur adoucissait l'air, le nuage filait, la surface de l'étang s'éclaircissait, et la nature redevenait familière. Car il existait un stade ultime où la représentation est un trouble, où ce qui est converge dans une émotion partagée qui met fin à la guerre. Et alors qu'autour de moi fusaient les commentaires je m'interrogeais sur la fausse transparence de l'eau, je m'étais rapproché du mur, mon regard collait presque à la toile, cette proximité me ramenait à la formation géologique de la pensée, à la composition chimique des couleurs, au toucher du peintre enseveli sous les mouvements apparents des pinceaux, ces minutes et ces heures passées dans le tumulte de la création revivaient devant moi à travers les empreintes qu'elles avaient laissées, je retrouvais les aléas et les gestes perdus ; celui qui avait peint cela, ce géant qui avait vaincu le doute, avait travaillé dans la même proximité, oui c'était dans ce voisinage que s'était élaborée cette œuvre reproduite sans relief dans tant de livres, qui avait suscité autant d'éloges que de critiques assassines, qui, intégrée à l'imaginaire collectif, faisait se déplacer les experts et les foules, cette œuvre que j'observais à présent de si près que j'aurais pu la désirer comme une peau, était née du corps à corps sensuel d'un peintre avec la matière, une toile tirée devant lui sur laquelle il avait étalé ses couleurs, mélanges de pigments et de résines, jusqu'à se déposséder de soi, oui ce désir qui fourmille en nous, que l'on assimile à une simple libido, pouvait atteindre d'autres sommets, élan sublime abreuvant une soif d'au-delà, donnant naissance à une vision supérieure, et la vie qui posait devant lui se transformait alors sous ses mains en maîtresse absolue, fleur jamais fanée, épouse éternelle. Ainsi était-il impossible de cueillir quoi que ce soit précisément dans cet espace visionnaire, c'était une somme indivisible, non pas un monde renversé, mais un monde à double face, réelle et abstraite, quotidienne et divine. Le motif central était l'eau, élément trouble dont la densité laissait entrevoir le dégradé de la matière vers son effacement – un vide que l'on ne pouvait s'empêcher de sentir habité –, la transformation des clapotements en silence, de sorte que dans ce microcosme, atmosphère qui se brise en douceur, adieu au paysage, fondu crépusculaire, il n'y avait plus qu'une seule couleur : la teinte multiple de l'eau.

Il était temps pour moi de quitter ce lieu, palais aux nymphéas qui m'avait donné le vertige tant je m'étais laissé étourdir par leur chant, ensevelir dans leurs profondeurs. Et c'était comme de quitter la nuit dans l'ivresse, de replonger dans le jour, l'effervescence qui m'animait avait suffisamment d'ardeur pour réveiller les dieux rêvassant dans le jardin des Tuileries. Sur la Seine, de longues péniches paresseuses continuaient de passer, traçant tranquillement leur sillon sur le chemin du fleuve.

Épilogue

Temps mauvais. Pas mis le pied dehors. C'est ce que le peintre maugréait lorsque les jours de pluie, les heures grises et sombres de l'hiver le retenaient au fond de son atelier à recopier la réalité de l'intérieur, lorsque plus tard encore la cataracte aurait raison de la netteté du décor l'enfonçant de plus en plus dans le brouillard. Et lorsqu'à l'aube suivante il se réveillait, sortait dans la fraîcheur du matin, il sentait encore l'humidité, l'odeur salée de la pluie exhaler le parfum des plantes, les vapeurs remontant de la terre sous les premiers rayons de soleil, le moelleux de l'écorce des arbres. Il sentait bien aussi quelque chose peser au fond de cette enveloppe qu'il traînait depuis des décennies, quelque chose qui lui embrumait l'esprit, mais tant qu'il y avait eu cette tâche à accomplir, et malgré l'avancée des ténèbres, il n'y avait pas cédé. *Temps mauvais. Pas mis le pied dehors.* Pourtant ces mots avaient continué de le poursuivre, après le travail accompli, l'impératif de l'œuvre, et même après la pluie. C'était comme si l'hiver était resté dans sa tête. Un abattement. Une fatigue tenace. *Ils appellent cela neurasthénie...* À quoi bon mettre des mots, se disait-il. *Je suis allé trop loin. Avec les nymphéas. Trop loin.* Et il les regardait végéter aujourd'hui sur cet étang de misère. *Mais ce qu'ils ne savent pas c'est que je suis resté ici. Après être allé si loin, je suis resté ici.* Le jardin, dans son indifférence, semblait le narguer. *Eux...* Et il aurait bien voulu tendre le bras en direction de l'eau, des nénuphars, lever un poing rageur, mais sa pensée était léthargique. *Eux, ils étaient dedans, dans cet émerveillement de labeur...* Et il se remémorait le mystère qui l'avait absorbé, puis anéanti. Il semblait alors presque s'endormir dans la quiétude de l'après-midi. Ses lèvres marmonnaient des paroles dont on ne distinguait que le bruissement. Puis soudainement ses propos se clarifiaient comme un ciel provisoirement éclairci. *Le temps est un amoncellement de paysages... Sans chronologie... Tout était là, au fond de moi, sommeillant, gisant, comme dans un marais obscur... ces végétaux étranges... mes nymphes... revêtant sous mes doigts...* Et l'on apercevait ses mains très légèrement s'agiter. *Revêtant sous mes doigts guidés par une indiscernable et envoûtante lumière...* Puis il s'arrêtait net comme parvenu au bord d'un précipice. Il soupirait. Avant de reprendre avec fermeté. *Je ne sais pas. Il me semble que la vie n'est que peinture. Je suis un abîme merveilleux de couleurs. Dernier témoin de la matière vivante. Je suis les nymphéas. Je meurs.*

Cy Twombly

Untitled

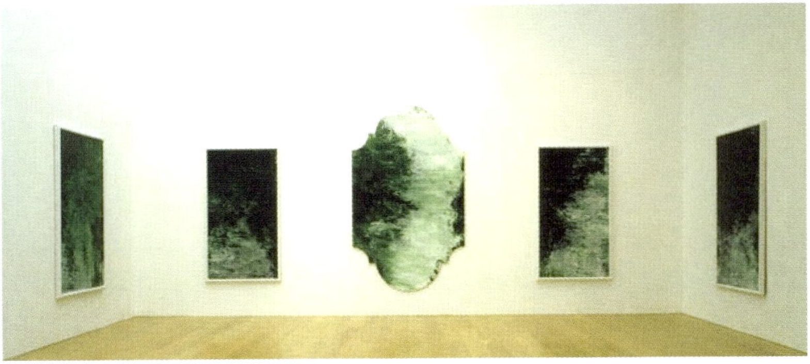

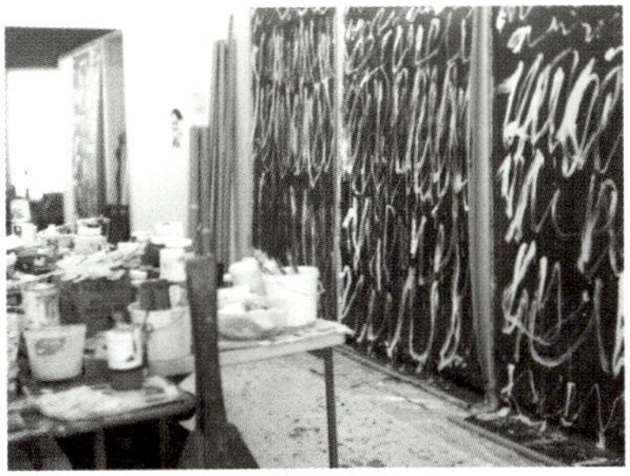

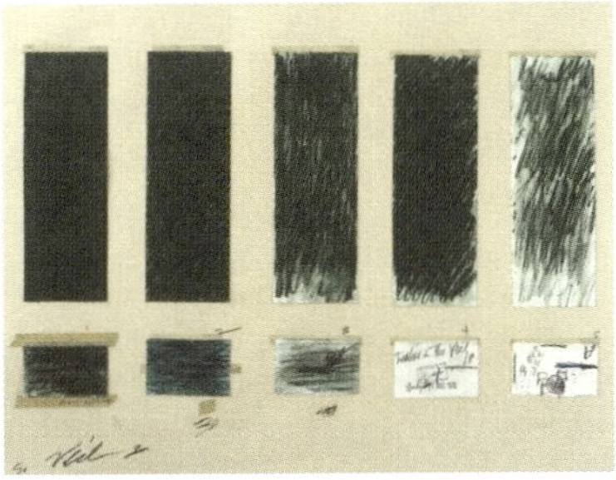

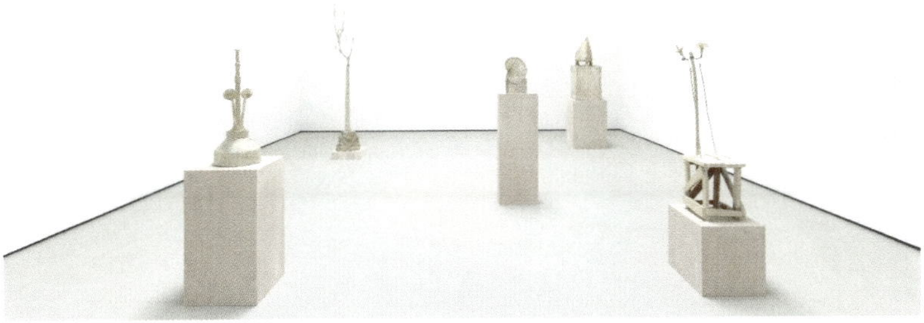

I

La nouvelle tombe impassiblement dans la cascade de l'information permanente. *Le peintre américain Cy Twombly est mort ce mardi 5 juillet 2011 dans un hôpital romain. Il avait 83 ans.* Puis, déjà, d'autres nouvelles arrivent à la surface de l'écran allumé. Déjà, d'autres morts recouvrent l'ancien. L'instantanéité a fait du présent un fleuve plus vorace que le Gange. Cette double prérogative de l'artiste (être présent/rester effacé), Cy Twombly l'a cultivée au point que son ultime retranchement de la scène du vivant semblait déjà appartenir au mouvement de son œuvre : une trace laissée par une présence invisible. Sur une sculpture à Houston, il a écrit ce vers d'Archiloque : « Nous leur avons laissé leur mort comme un don en souvenir de nous. » Pour tenter d'approcher Twombly, il faut prendre cette phrase au pied de la lettre : la mort est pour celui qui crée déjà un souvenir.

*

Très avare de commentaires sur son travail, Twombly n'a donné en plus de soixante années de création que quelques interviews. Et encore, n'espérez pas trouver dans celles-ci un manifeste. Bien qu'attiré par la culture antique européenne, c'est en artiste américain qu'il répond, peu enclin à s'appesantir sur la dimension théorique de son œuvre. Du *Gardeur de troupeaux* de Pessoa, qu'il aimait tant, il aurait pu extraire sa devise : « Les choses n'ont pas de signification : elles ont de l'existence. » Même si cela est absolument vrai, les peintures et les sculptures de Twombly, qui inspirèrent à Barthes à la fin des années soixante-dix un texte d'une prodigieuse intelligence, ont une existence se signalant si extraordinairement à nos sens qu'elles semblent nous parler un langage que nous ne parlons pas encore mais dont nous saisissons, sans le comprendre, l'incroyable accent de vérité. Un langage revenu aux origines de la langue, mais après avoir sombré.

*

Il en fut ainsi à Munich, où pour la première fois ma mémoire se souvient d'avoir croisé le nom de Cy Twombly. Un nom qui sonne comme un slogan mal articulé – et qui graphiquement m'avait directement séduit. Je ne sais pourquoi, ce nom, je le sentais porteur de vitalité. Sa brièveté, peut-être, si bondissante... Un sentiment de jeunesse que j'éprouverais vis-à-vis de son travail en le découvrant peu à peu, même après avoir appris que l'artiste était au sommet de sa reconnaissance. Non, rien, pas même les fastidieuses données biographiques, n'aurait pu contredire mon impression. L'Alte Pinakothek présentait alors les sculptures que Twombly avait réalisées entre 1992 et 2005. Des sculptures blanches sur lesquelles mon regard surfa sans parvenir à tirer l'essence de leur apparente neutralité. Je sentais bien pourtant que quelque chose d'encore imperceptible pour moi se logeait derrière la démarche d'assembler des objets de récupération et de les peindre en blanc, – mais ce jour-là l'expérience se solda par un quasi-échec : j'avais été incapable, peut-être à cause du choc avec cette œuvre nouvelle, de voir au-delà de l'insignifiance du matériau. Pourtant l'expérience resta gravée en moi, de même que le nom. Et ce n'est que plus tard, après que j'eus fait connaissance avec sa peinture, que la dimension inintelligible de l'œuvre sculptée se dévoila à mes sens mieux préparés. Ce que j'avais, sans me le dire, considéré comme le degré zéro de la sculpture consistait effectivement en une forme de radicalisation : la volonté de retourner au principe premier de cet art, en soulignant ce renouveau par une couche de peinture blanche. Une *tabula rasa* en quelque sorte, à cette différence près que ce retour s'opérait à la fin d'un cycle, c'est-à-dire avec la conscience d'instaurer un nouveau départ à partir des ruines d'un monde ancien. L'art survivrait à ses ruines, avait prophétisé Anselm Kiefer, à condition que ses ruines deviennent sa matière première. Et ce blanc, délavé, usé, sali, qui recouvrait le bois, l'acier, de ces objets affranchis de leur utilité, en même temps qu'il leur redonnait une sorte d'existence, les rapprochait encore un peu plus de l'abandon auquel on les sentait initialement voués. Mais le blanc, aussi discret fût-il, c'était encore un signal, un geste ténu dans l'effondrement en cours. C'était un cran avant le vide. Une élégie du silence. N'avais-je vraiment rien décelé de cela lorsque mon regard avait plané sans se poser nulle part à travers la salle de l'Alte Pinakothek de Munich en 2006 ? N'avais-je vraiment pas pressenti alors combien l'œuvre allait compter parmi celles qui nous aident à supporter tout cela qui nous entoure et qui se décompose ?

II

Une forme écrasée sous le poids de l'histoire comme un ciel entaché de tout ce qu'il a vu. C'est en tout cas l'irréductible complexité de l'œuvre, nourrie, je l'apprendrai, de solides références littéraires, et sa vitalité toujours recommencée, qui scelleraient ma passion pour le travail de cet artiste majeur capable d'orchestrer le désastre par la beauté. C'est elle, ou son souci (sa foudroyante inquiétude), il faut le rappeler, qui reste chez Twombly le cœur du processus de création, faisant en quelque sorte de lui un artiste néo-antique. De cela, qui n'aurait dû être qu'un chaos, un charnier, une montagne de savoir sans utilité, rien qu'un souvenir, il faut encore faire une œuvre. *Une œuvre comme une présomption de l'esprit*, pour paraphraser un autre poète aimé du peintre (Saint-John Perse). Non pas une idée clairement formulée mais une marée indéchiffrable douée de pensée. Le sens n'est pas dans le particulier, mais dans l'élan de reconquête enfoui sous les décombres. Ne pas lâcher l'insaisissable. Le geste comptera plus que le motif. Agglomérat de traces, de signes et de taches. L'impossibilité servira à jamais de point de mire. Tel un thème rémanent, tirant de sa défaite l'illusion d'une victoire. Beauté reconstituée à partir des fragments de l'idée qu'il en reste, forme d'après la forme – absolument pas un concept. Beckett marchant sur les cendres de l'écriture : l'impossibilité de revenir à la peinture, mais cela dans la peinture même.

*

Cette expérience-là, je la ferai quelques années plus tard, sans l'avoir préméditée, lors d'un séjour à Houston où j'étais venu me confronter aux *dark paintings* de Rothko dans la chapelle qui porte son nom. Si la tonitruance d'exécution semble de prime abord rapprocher Twombly de l'*action painting* d'un Pollock, il ne faudrait pas sous-estimer les liens qui l'unissent à Rothko : l'européanité de leurs références, l'attrait de l'antiquité, le goût du mystère, un certain degré d'intellectualité. Mais formellement, rien, apparemment rien de commun : le continuum semble brisé. Pourtant, après que Rothko eut poussé la matière dans ses derniers retranchements, il fallait bien poursuivre l'avancée en investissant l'espace libéré de la forme. Et comment désormais habiter cette surface, comment l'appréhender si la peinture est déjà arrivée au bout, si la tête est pleine de données dans un désordre insurmontable ? Mais une page blanche n'est pas vide, car déjà nous y voyons tout ce que nous pourrions y mettre, les pensées se précipitent, et s'empoignent, sens dessus dessous, et la perspective de cet encombrement déjà nous décourage.

Le découragement, nous y voilà ! c'est bien de cela qu'il s'agit, du découragement de la forme, de donner vie à la forme, d'avoir entre les mains cette possibilité, et en même temps dans la tête l'incapacité de la saisir. Créateur fatigué de l'acte créatif, le trait ne dit rien d'autre, la paresse comme une esthétique gâchée qui cherche néanmoins à laisser trace de sa désinvolture. L'action se soustrait à son but. Par son annulation, l'œuvre existe. L'on comprend bien dès lors qu'elle existe concrètement dans sa brutalité, et que nulle abstraction ne gouverne sa logique. L'art de Twombly consiste à resituer l'art dans sa vérité matérielle, l'insignifiance de la forme remet en valeur le support et renonce totalement à l'artificialité de la représentation : un tableau est d'abord la rencontre d'un objet et d'un corps. Reprendre la peinture là où l'écriture voisinait encore avec les signes. Perdu dans un temps où la glose et la gnose s'emmêlent. Pourquoi l'œuvre ne serait-elle pas faite de ce qu'elle n'a pas pu être ? Le désaccord est encore une partition ; et la salissure, déjà une image.

*

Un lieu rien que pour lui, le rêve de Rothko accordé à Twombly à deux cents mètres de sa chapelle à Houston. Mêmes mécènes : les de Menil. Un pavillon dessiné par Twombly lui-même et impeccablement réalisé par Renzo Piano. Le cadre idéal pour exposer réunies des séries qui jalonnent un demi-siècle de création. Avant de franchir les portes de ce petit palais qui allait m'envoûter, j'avais visité l'exposition que la Menil Collection consacrait aux dessins préparatifs de Twombly à ses deux œuvres monumentales intitulées *Treatise on the Veil* (1968-1970) – *Traité du Voile* ou *Traité de l'Au-delà* – dont la seconde version appartenait à la collection du musée. Comme devant les sculptures blanches à Munich, je sentis combien je me trouvais dans l'antichambre d'une attraction qui germait sans avoir encore éclaté. Il y a des œuvres, comme des êtres, qui se donnent moins facilement, et cette résistance fait partie intégrante de leur pouvoir d'aimantation. J'inspectai donc minutieusement les douze dessins exposés, puis m'arrêtai longuement devant le grand format. J'étais incapable alors de traduire ce que m'inspirait cette observation. J'avais le sentiment diffus de comprendre ce que j'avais devant les yeux tout en restant extérieur à ma compréhension. L'artiste semblait avoir emprunté à la science une apparence de rigueur dans la tentative de décodage de l'espace-temps. C'était bien entendu un rêve de science plutôt qu'un véritable théorème. Je lus dans le dépliant de l'exposition que Twombly était parti de l'expérience orphique pour imaginer cette exploration du temps et de l'espace à travers un langage graphique. Il avait mis en place, de manière totalement subjective, un réseau de données (des chiffres et des annotations) et de lignes qui aurait figuré l'empreinte de la durée, comme une partition secrète logée au creux de la perception du vivant. L'œuvre aurait ainsi capturé et transcrit un morceau du réel. Je pensai alors aux croquis savants de Léonard de Vinci. Mais il n'était pas question ici de formule, mais d'un brouillage de l'incertitude.

*

Peindre l'instant de la peinture. En esquisser la mesure. Toute connaissance ne peut dépasser le stade du gribouillis. Ce furent les premiers résidus de pensée qui remuèrent dans mon esprit alors que je marchais en direction du pavillon Twombly. Le quartier était calme. Il n'y avait pas de garde à l'entrée. C'était comme une infraction dans un bâtiment abandonné. *La poésie s'engouffre dans la béance des grandes questions.* Peut-être ne me le suis-je pas formulé aussi clairement alors, mais en substance ce fut exactement cela que je ressentis en mettant le pied dans ce qui allait rester le lieu de l'illumination. Devant moi j'entrevis, dans une salle centrale, les célèbres *Gray grounds*, sortes de tableaux d'écolier où s'étalaient de part en part des lacets griffonnés à la craie blanche, qui m'avaient toujours évoqué la théorie des cordes, ou une autre loi physique, de toute façon incompréhensible, et qui en fait ne renvoyaient à rien d'autre qu'à leur inanité – celle-ci convergerait d'ailleurs vers la série des *Nini's paintings* où l'artiste recouvrirait l'entière surface de la toile de la double conjonction négative (si l'on s'en tient bien sûr à l'acception française de l'expression). Géniale supercherie qui, à nouveau, ne donnait à l'œuvre pas d'autre sens que sa réalité formelle, et pas d'autre forme que celle tourbillonnaire née du geste de la main sur le support de création. Dans ces empreintes de mouvement, faut-il le préciser, échouait le désœuvrement de l'artiste. Et cela qui se manifestait dans des proportions démesurées autour de moi comme un royal aveu d'impuissance me frappa avec une intensité telle que sa vibration ne s'est jamais dissipée. De ce moment je garde une forte impression de luminosité. Le plafond en verre surmonté de persiennes en acier laissait filtrer un éclairage naturel. Sentiment de plénitude, que seuls le grand art et la splendeur d'un paysage peuvent provoquer. Puis le bruit d'une pluie légère battant contre les stores métalliques créa un climat particulier dans les salles vides. Une ambiance quasi-sébaldienne. A cet instant où il n'y avait que moi pour donner vie à ces œuvres, ma présence flottait dans l'histoire comme une âme à moitié morte transportée à la surface du fleuve. Virevoltant sans douleur entre ténèbres et éclaircie.

*

Plus loin, dans la série des tableaux blancs encrassés de taches colorées, de ratures, de dessins et de schémas inachevés, de citations, de notes et de mots isolés, c'était encore la vitalité de la débâcle qui rendait son éclat familier. C'était bien dans cette même matière, rongée par les mythes et les vers, engluée dans l'inextricable sensation de fuite devant la vision des bains de sang, que je m'enlisais comme dans une colère aphone. Ce magma informe qui signerait l'une des marques de fabrique de Twombly semblait faire la jonction (ou la désarticulation) entre le dynamisme nucléarisé d'un nouveau monde dont il était issu et l'ancestralité de la culture européenne où il s'était implanté. Vaste manne mise à portée de la main (et de l'œil) où il suffisait désormais de puiser, touiller, malaxer. Les légendes et les lieux sombraient à leur tour dans une confusion héritée de leurs massacres. Comme des monstres assoupis, les œuvres semblaient encore digérer tout ce qu'elles avaient englouti. Mais plus encore qu'à la digestion difficile d'une civilisation en bout de course, l'on assistait à la décomposition de son ossature. Plus rien ne tenait ensemble sinon par le partage d'un même espace. Plus rien ne tenait en place, la rationalité était dépassée par le flux. Impossible de retenir l'emballement. Soudain le mot était là au milieu de nulle part comme si un filament d'intelligibilité tentait de s'extraire d'une rixe, puis s'effilochait pour finir en charpie. Le trait et la couleur, de même que la forme et le sens, s'étaient désolidarisés.

*

De la barbarie, il n'y aurait à sauver que la poésie. Que le regard lui-même ne soit pas emporté par le torrent qu'il génère. *Vivre n'est qu'une part*, écrivait Rilke, à qui était dédiée, ô miracle, les *Nine green paintings*, sorte de divagation sur le thème des *Nymphéas* de Monet. *Vivre n'est qu'une part... De quoi ?* ajoutait le poète. Une question brutale qui semblait battre comme un cœur sous les palpitations et les soulèvements de la machine-peinture enrayée. Dans la dernière salle, un très grand format de presque seize mètres de long occupait tout l'espace. Une œuvre sans titre, néanmoins sous-titrée *Say Goodbye Catullus, to the Shores of Asia Minor*. Référence au retour du poète latin de Bithynie, province romaine orientale. Une pirouette détournant du sujet initial puisqu'à nouveau Twombly avait voulu marcher sur les pas d'Orphée s'aventurant au pays des morts. Progression, si l'on observait la toile de gauche à droite – mais est-ce bien comme cela qu'une œuvre s'appréhende, et que sait-on encore à présent de la manière d'appréhender –, qui synthétisait tout l'élan de l'œuvre : par la mince voie du crayonnage réinvestir maladroitement l'espace perdu à la reconquête du feu de la couleur, courir derrière le vœu de la forme dans une mer hostile. *Ce qui se produit est à ce point en avance / sur nos attentes que nous ne le rattraperons jamais / ni n'apprendrons jamais quel était son vrai visage.* Parole rilkéenne encore qui traduisait anticipativement l'ampleur de la tâche accomplie par le peintre qui voulait mélanger l'imagé et le terre-à-terre, entrechoquer dans un même mouvement l'histoire de l'art et l'histoire des hommes.

III

Sur la guerre il avait pu méditer, lui qui s'était enraciné à Gaeta, port antique entre Rome et Naples, qui avait été témoin de grandes batailles navales et qui abritait aujourd'hui une base de l'Otan. *Lepanto*, un cycle de douze panneaux que Twombly avait réalisés pour la Biennale de Venise en 2001, retraçait chaotiquement la bataille navale de 1571 qui vit la victoire des Chrétiens sur les Ottomans. Que distinguer dans cette histoire en marche sinon ses explosions répétées d'orange, de jaune et de rouge ? La chair, le vin et les fleurs, tous enchaînés dans une mélodie triviale. Le sang de l'église barbouillé de la main de Bacchus sur le front des fidèles. Celui des victimes dégoulinant des nouvelles floraisons. Ainsi le ciel était entaché de rêves et de crimes. Et le plafond (*The Ceiling*) que Twombly avait conçu pour la Salle des Bronzes au Louvre renvoyait cette double atmosphère : un ciel calmé par un bleu de Giotto où le nom grec de sept sculpteurs antiques s'articulait clairement parmi une nuée de planètes que l'artiste, pour sa part, assimilait à des armures.

*

L'absence de conflit n'est pas l'apaisement, me dis-je en marchant, une fin d'après-midi d'été, dans les ruelles désertes de Gaeta. J'en veux pour preuve cette tension qui trop souvent m'empêche de *sentir la vie couler en moi*. Pensant même lorsque je ne pense pas. Après avoir longé les fortifications, je grimpe en direction du point de vue qui surplombe la baie et le bras de mer ; puis peu à peu, alors que j'ai quitté la zone urbaine et que je remonte les sentiers du parc Monte Orlando, je ne sais pas pourquoi, je m'affole. Je continue néanmoins l'ascension, mais les minutes, de plus en plus lourdement, se succèdent sans que j'accède enfin à mon panorama. La chaleur augmente, ainsi que le craquètement des cigales. Il y a comme un pressentiment qui me guette. Et dès que je peux, je bifurque, – je redescends vers la ville. C'était un an avant sa mort. J'avais espéré localiser son atelier, je n'avais aucun indice, quelques jours avant mon départ j'avais envoyé un message à son agent pour lui dire mon désir de le rencontrer, je n'avais eu aucune réponse évidemment. Soudain, au bout d'une allée, bordée de part et d'autre de murs de propriétés, la belle façade abîmée d'une maison rouge se révéla à ma vue. C'était un rouge pompéien à travers lequel on lisait les siècles de sédimentation de la terre. J'avais retrouvé mon sang-froid – l'obstacle était derrière mon dos. En approchant de la maison, je pus observer de quel éreintement du temps, de quelles égratignures, – de quelle écriture cette teinte était faite. Et devant cette maison je me sentis *presque gai comme qui s'est lassé d'être triste*. Clin d'œil à Pessoa et à l'art hélas de Twombly.

Paul Klee

Paysage hiéroglyphe

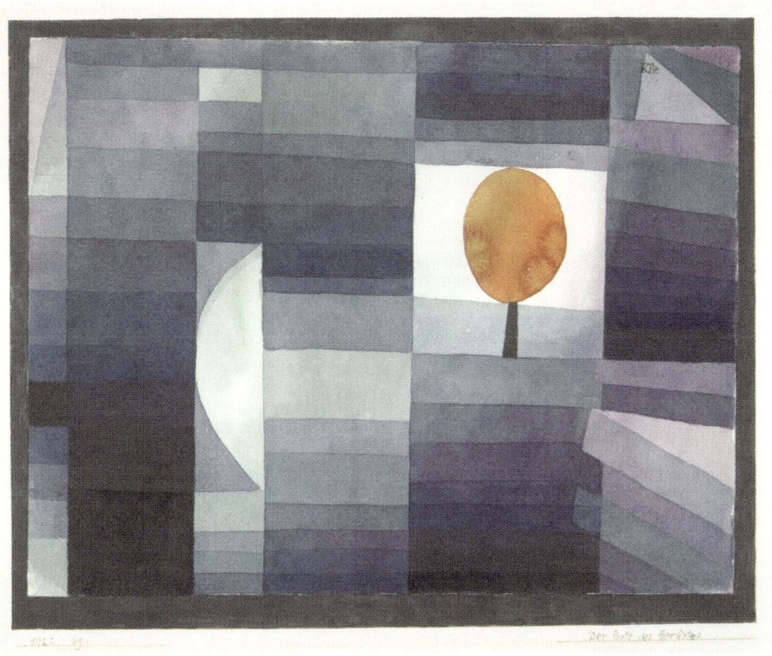
Der Bote des Herbstes

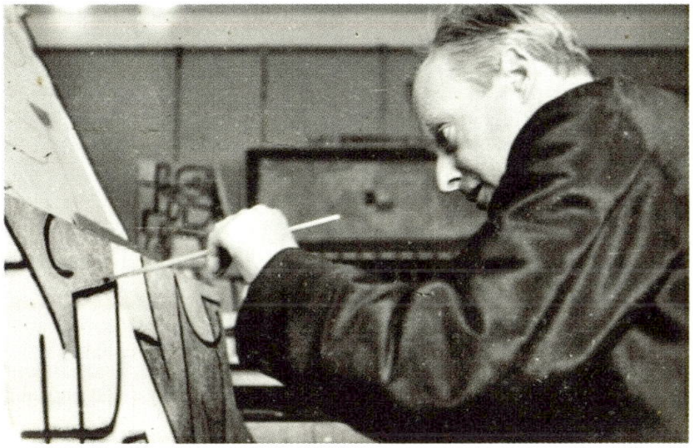

Un bleu hiéroglyphe tel une écriture ancienne ramenée du souterrain des temps, de la terre qui imprègne les macchabées. Autant de lettres nageant dans l'océan du vertige, de couleurs assemblées indéfiniment. Réalités superposées comme des époques enchâssées. Formes défaites et soudées. Palimpseste aussi transparent que le voile du vent, déchiré par la profondeur du ciel. De l'insoupçonné se dégage la matière. Le corps est un monstre qui naît de la joyeuse difformité du vide. Que de hantises ! Que de rêves ! Les mouvements s'envolent dans la décomposition de l'air. Le sens ne vient que du regard qui happe comme un pêcheur, car dans l'extrême dénuement où se produit l'existence incertaine il n'y a qu'extractions et disparitions – aucune ponctuation de pensée, le magma épousant le néant immense. La vue est un abysse d'où jaillissent d'incompréhensibles signaux. La fiction commence avec notre peur. Quel chemin emprunter ? Labyrinthe où vibre une flamme cachée. Comment dompter le serpent traître ? La nuit complote avec le jour, qui nous enlace amoureusement. Le baiser de l'angoisse entache l'euphorie. Lentement nos pas, dans le sable, s'enfonçant. Partition folle tracée sur le bois par une main inconnue. (Tout est à renaître.) Ce serait le fond de la mer ou la surface d'une eau limpide ; ce pourrait être l'avant ou l'après, le commencement ou la fin, l'ancien ou le moderne ; ce pourrait ne pas être. C'est un instant qui plane comme un spectre au-dessus de sa propre dépouille, une seconde écoulée qui survit à elle-même. C'est le trophée ou le fardeau. C'est l'effacement, presque – arrêté au bord du précipice.

ANTONI TÀPIES

L'humeur des murs

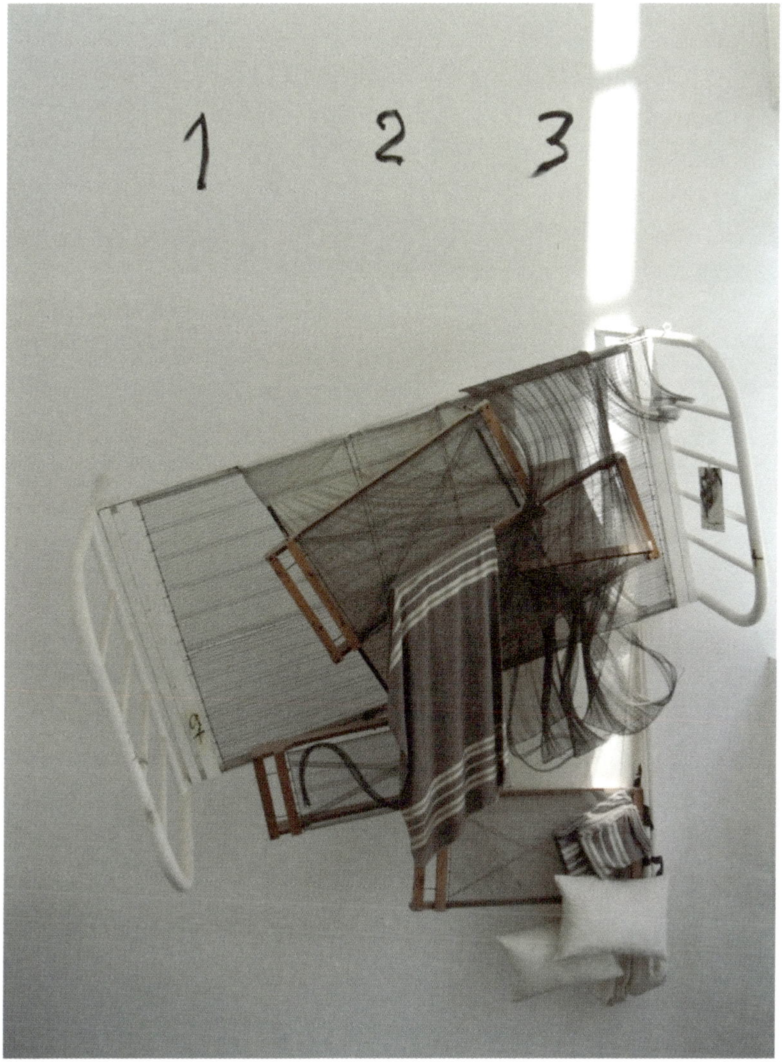
1 2 3

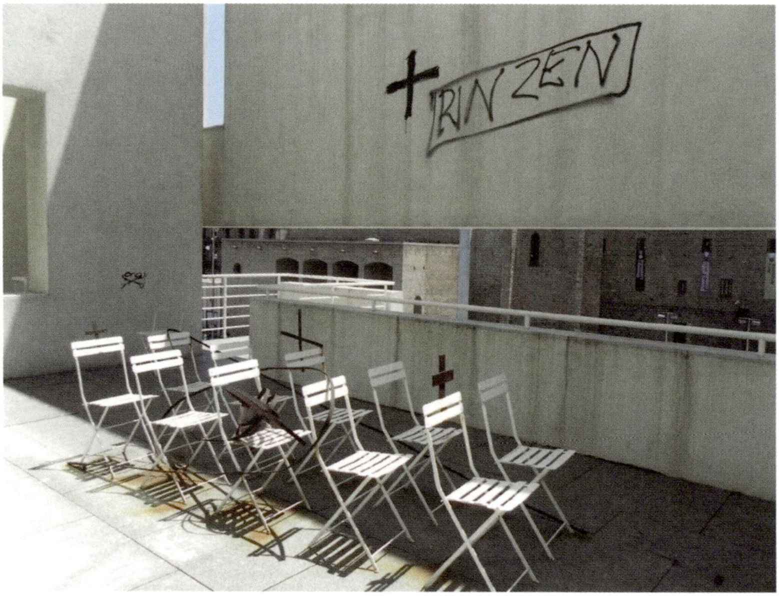
RIN ZEN

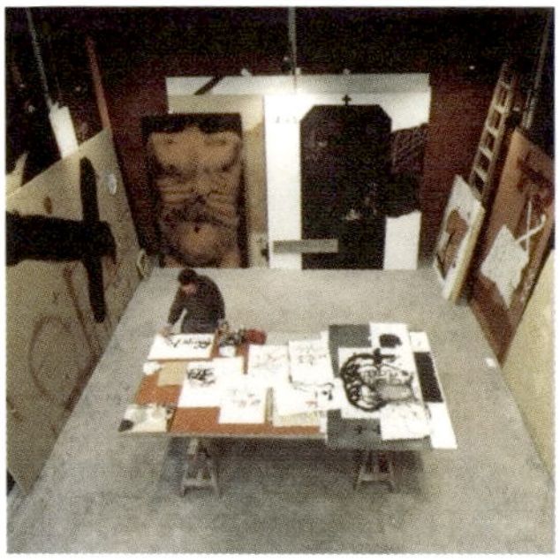

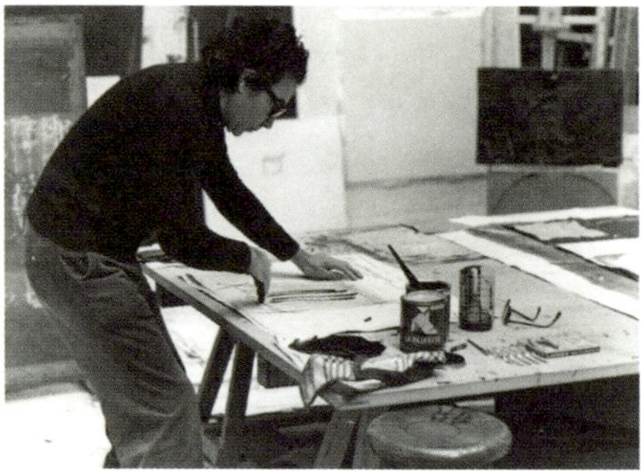

Un petit morceau de plâtre écaillé, il n'en faut pas plus pour que soient dévoilés les plus vertigineux secrets.

René Crevel

D'abord le souvenir de Klee, le langage hiéroglyphique de Klee, et la confrontation fraternelle avec les œuvres terreuses de Dubuffet me font longtemps penser, avant que je ne me penche plus précisément sur son cas, que ce peintre au nom quasi mythique – je veux dire déjà si solidement installé dans la nomenclature de l'art – est un artiste d'un autre temps, non pas l'auteur d'une œuvre dépassée, mais l'initiateur d'une création si radicalement moderne qu'elle s'extrait naturellement de toute temporalité. Et ce sentiment était tellement inscrit en moi, lorsque j'arrivai à Barcelone, que je fus aussi désarçonné d'apprendre que Tàpies était alors un artiste vivant, que de voir la Sagrada Familia de Gaudi dont je m'étais fait une toute autre représentation mentale. Ses œuvres prirent soudainement à mes yeux une dimension totalement extraordinaire : elles se nimbèrent de la même vitalité *éprouvée* que celle d'un corps ressuscité. Et cela, ce premier pied de nez au confort de mon esprit, ne fut qu'un avant-goût d'autres déstabilisations qui allaient mettre à mal la sûreté de mon regard, tant il était vrai que l'art de Tàpies, s'il pouvait séduire, avait plus encore la faculté d'obliger celui qui regarde à s'aventurer hors de la vue ordinaire, à laisser son esprit penser en-deçà de la pensée, pour percevoir la parole première du monde vivant : sentir et voir l'humeur presque sacrée de la matière. Tout le mérite de l'héritage de Miró sur un autre enfant du pays : le réel existe hors de ses formes, la matière est plus forte que l'idée, c'est elle qui aura le dernier mot.

Ensuite, il y a la maladie. La maladie épidermique qui avait recouvert ses fameux tableaux « matiériques » d'un teint tanné et pigmenté, d'une surface croûteuse, grêlée, irrégulière, et dont il était parvenu à tirer le motif non d'une plainte ou d'une agonie, mais d'une santé bourgeonnante, nourrie du vécu blessant qu'elle avait traversé. Débris terrestres miraculeusement échoués dans l'éternelle perpétuation du mouvement. Début de planète. Ainsi je rêvassais, lorsque, après avoir appris la contemporanéité du peintre, je me tenais devant l'une de ses œuvres accrochées au mur du MacBa. Anticipation de l'absence, la toile (*Ochre Painting*, 1959) était aussi la trace d'une occupation, l'histoire d'une fuite, par les empreintes des pas qui gravissaient la verticalité de l'œuvre, et laissaient en suspens la possibilité d'une issue. C'était aussi cela, la présomption d'une origine ancienne en devenir, qui donnait à sa modernité un goût archaïque, une allure de nouveau primitivisme non daté. La maladie, j'allais aussi l'apprendre, n'avait pas fait que travailler à la surface de ses toiles, elle avait aussi empiété sur l'espace vital de l'homme : son corps et son pays.

La tuberculose à la fin de l'adolescence l'oblige, à l'âge où la vie s'ouvre à lui, à rester deux années allongé sur son lit, des *jeunes années prises entre les murs*, dont il faut défier les limites par l'apprentissage intérieur.

Une autre vision alors, une autre perception du réel, là retranché dans la chambre, dans la solitude fiévreuse de la chambre, entre dans la peau du jeune homme par le biais des livres, de la musique et du dessin. Peut-être, au fond, se dira le jeune homme, que cet empêchement d'accéder directement au monde, peut-être au fond que cela m'ouvre une autre dimension, une dimension moins connue, de ce qui façonne notre existence, peut-être au fond que cela m'apprend à chercher ailleurs, par d'autres voies, qu'il y a une autre matière dans la matière, là où je ne l'aurais pas soupçonné dans un rapport plus direct, plus frontal, avec elle. Et se disant cela, il caressait de la main le papier d'un livre, ses doigts palpaient quasi amoureusement la texture sèche du papier, alors que son esprit répétait ces quelques mots de Nietzsche : « La maladie me libéra lentement [...] elle m'ordonna l'oubli, elle me fit le cadeau de l'obligation à la position allongée, au loisir, à l'attente et à la patience... Mais c'est cela justement qui s'appelle penser ! » Il y avait donc une santé de la maladie, une *pensée* à tirer de la saine maladie, comme le prouveraient plus tard ses œuvres qui seraient comme une maladie de la peinture, qui seraient à leur tour le fruit d'une saine détérioration de l'art de peindre. Mais avant d'en arriver là, à cet accord entre ce qui tue et ce qui fait vivre, il y aurait une nouvelle échelle à la maladie, une sorte de contagion à l'échelle nationale de sa maladie. La chute de la république avait entraîné partout un sentiment de ruine. *Après m'être considéré comme un malade, j'ai commencé à penser que c'était la société qui m'entourait qui était malade.* La maladie avait quitté l'espace intime de la chambre et gangréné les murs de l'Espagne franquiste. Ceux-là mêmes que le jeune homme, à présent guéri, avait dû surmonter par la force de l'esprit portaient trace désormais *du martyre* du *peuple*. Il y aurait donc toujours des murs, aurait-il pu conclure alors, toujours des murs entre soi et l'horizon, s'il n'avait pas senti combien cette obsession des murs serait le cœur de sa création, faisant du symbole de l'emprisonnement le point de départ de la contemplation : regard capable d'enfanter, d'extraire de ce qui n'a pas de voix une parole.

Et je me disais cela alors que j'allais quitter le MacBa sans encore avoir vu l'une des œuvres majeures de Tàpies, *Rinzen*, une installation monumentale, Lion d'Or à la Biennale de Venise en 1993, dont j'ignorais l'existence jusqu'à ce que mon regard s'arrête sur un énorme lit posé incongrûment contre le mur vertical, comme à la renverse, et surmonté des chiffres *1 2 3* comme au début d'une comptine. La cage blanche du lit renversé m'évoqua aussitôt l'hôpital, donc la maladie, donc la mort. De l'autre côté de la baie vitrée, sur la terrasse à la hauteur du lit, il y avait une série de chaises alignées par paire les unes derrière les autres, étrangement reliées entre elles par l'entortillement d'un lacet métallique rouillé ; une croix chrétienne surmontait le dossier de la première chaise tandis que bien en retrait derrière l'assemblée une chaise solitaire avait le dos tourné, tête face au mur où étaient griffonnés des ciseaux, à l'image de ceux que font avec leurs doigts les enfants au jeu du « pierre, papier, ciseaux ». Au-dessus de la scène, tagué sur le mur, le nom mystérieux de l'œuvre, RINZEN, précédé d'une simple croix, peut-être le symbole de l'initiale de Tàpies. Le décor avait tout d'une messe funéraire. L'image d'une oppression, d'un asservissement, contenant, à nouveau, une possibilité d'issue en suspens. Un troisième élément complétait l'installation. Sur le mur opposé à celui où dégringolait le lit, un carré lui-même composé de quatre panneaux en bois carrés, recouverts d'une couche de sable, murmurait que quelque chose avait eu lieu. Une maladie (l'évolution de la température du patient était retranscrite sur un tableau fixé au cadre du lit). Une maladie exponentielle (le lit gigantesque accouchait d'autres lits, une multitude d'autres lits, qui dégringolaient avec lui). Quelque chose avait eu lieu qui avait provoqué le désert. Qui avait provoqué le silence. Mais le mur n'avait pas empêché de se taire. Les souvenirs et les pensées s'y étaient projetés avec la violence du désir. De la compression de l'expérience était née une illumination. Le mur en son empêchement était devenu paysage parlé. Rinzen. Un mot mystérieux, peut-être vide de sens, peut-être relié à une branche du bouddhisme chinois, que mon regard remplissait d'une lecture intuitive.

Et c'est ainsi, dans ce calme sentiment, que je me rendis à la Fundació Antoni Tàpies. Je marchais le long des grandes avenues du centre. La mer semblait si loin dans cette ville qui l'avait repoussée comme une vieille maîtresse indigne. La concentration du nombre produisait comme dans toutes les agglomérations urbaines un brouhaha frénétique incessant. Je repensais à ces moments d'arrêt, chocs soudains, où je m'étais retrouvé stupéfait devant une œuvre de Tàpies avant même de pouvoir le nommer, happé que j'étais par le pouvoir d'attraction de la matière, – ses œuvres avaient toujours eu sur moi le même effet premier, me stupéfier, abolir tout raisonnement, m'inclure passivement dans leur manifestation, son art visuel capturait tous mes sens, dans la vue circulaient d'autres voix, la pauvreté élémentaire de ses compositions était comme un langage d'avant le langage se débattant avec la tentation de formuler, retour à une forme d'expression débarrassée des signes distinctifs, réponses et questions désintégrées par la puissante affirmation de ce qui était là, oui, je n'avais plus besoin de mots, je n'avais plus besoin d'idées alors, la matière exprimait tout ce que j'aurais pu exprimer, j'étais redevenu matière – et dans un second temps seulement, un temps revenu à la normalité de son écoulement, ma stupéfaction se morcelait en fragments de pensée, je croyais alors reconnaître telle ou telle forme, un sens émergeait du hasard des associations, les mots commençaient à grouiller dans ma tête telle une armée d'abeilles prêtes à se jeter sur l'envahisseur, alors que l'œuvre se tenait là, dans son *silence étale*, devant mes yeux, indifférente à mes ruminations. Et cette ténacité aveugle qui la faisait se tenir aussi insensiblement devant moi me renvoyait à cette grande et simple aspiration taoïste : « se confondre avec la poussière ». Comme je comprenais cela : rêver de la terre comme d'un repos en soi.

Mais maintenant j'étais arrivé à la porte du bâtiment moderniste fin XIXᵉ qui abritait la fondation Tàpies. Sa façade surmontée de nuages métalliques qu'avait conçus le peintre combinait la brique et l'acier. La collection présentait une exposition tournante d'œuvres allant de 1945 à nos jours. Si les débuts avaient été marqués par le tiraillement entre les influences surréaliste et abstraite, très vite la matière s'était invitée dans l'espace du tableau (*Fil et anneau*, 1946) et le support même avait participé activement à la composition (*Figure sur bois brûlé*, 1947). Car au sortir de la chambre fiévreuse il y avait d'abord eu la tentation de conquérir son image. De l'échec annoncé d'une telle introspection, il avait tourné son regard ailleurs, ou plutôt il avait fait autre chose de son regard. Désormais il s'activerait à fusionner les différenciations, à faire de sa « peinture » un terrain d'interconnexion, à s'affranchir du cloisonnement des murs, ceux de sa maladie et du régime castrateur, vers l'expression d'une image débordant de son cadre – fabriquant des visions non duelles. Plus de distance entre soi et l'autre. Plus de distinction entre peinture et sculpture. Plus de hiérarchie entre symbole et tache. Retour au concret de la terre, à la poussière de marbre. Le dessin d'une croix n'avait pas plus de présence, ni plus de signification, que la peau sur laquelle on la traçait. Faire feu de tout bois, et bois de tout feu : il n'y avait rien d'abstrait là-dedans.

De cette connaissance empirique, nourrie d'érudition, avait dérivé un nouveau paganisme. Une trame de sagesse et d'innocence suait de ses œuvres, la création était inscrite dans la matière. À force d'oublier l'art il finirait par le réinventer. Peau de bois, corps-couleur, univers-ciment, objet-signe, mots raturés, empreintes de lit, coulées de rêve, fissures, papier, abîme vernissé, vomissure de paille, chiffres perdus, métal foncé défoncé, humeur séchée, retournement de toile, *splash*, grande croix, *splash*, petite croix, clin d'œil, lunettes acides faisant la vue se dissoudre, surface infectée, rature, fossile-graffiti, graffiti-hiéroglyphe, engelure sacrée, matière formique et formes matiériques. Peinture écriture geste. Tantôt il fallait rattraper ce qui s'échappe : tenter de reprendre le contrôle de la matière par la bride des mots. Mais bientôt les mots s'engluaient dans le liquide des années et finissaient par se confondre à la marée montante. La couleur bistre souriait. Et pour cause. Car rien de cela n'aurait eu de sens si cela n'avait pas été habité par une intime transformation. À la matière répondait le souffle du vide, caché derrière ce que nous croyions être nos vies. Présence mystérieuse tout à coup rendue perceptible par le biais d'un collage d'éléments. L'art toujours inachevé de Tàpies ne cessait d'entrouvrir une porte dans un mur bâti de matérialité. Pour l'heure ce n'était pas une conclusion. J'avais repris ma marche le long des grandes avenues du centre. Le soleil allait bientôt se coucher. Je ne voyais pas la mer mais je savais dans quelle direction marcher pour la rejoindre.

ZORAN MUŠIČ

Gorizia

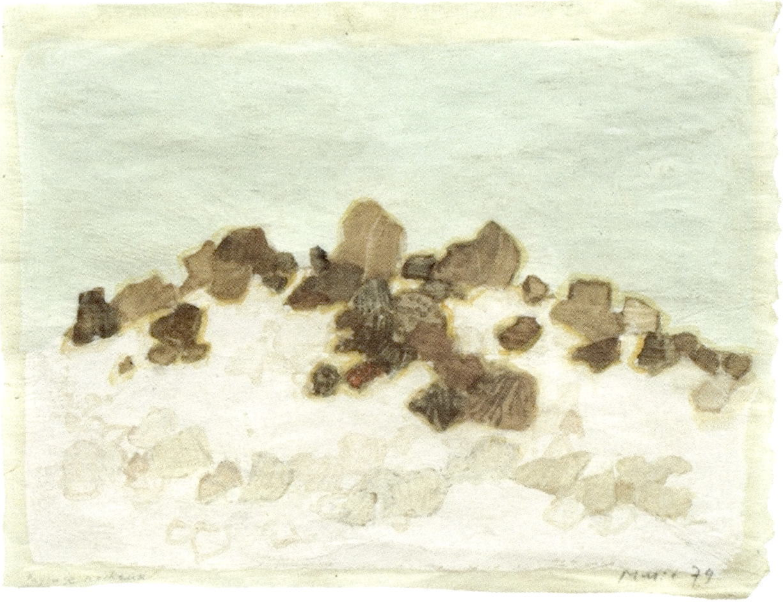

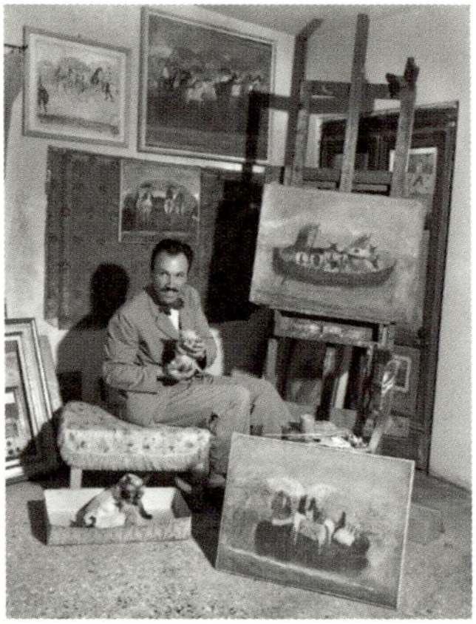

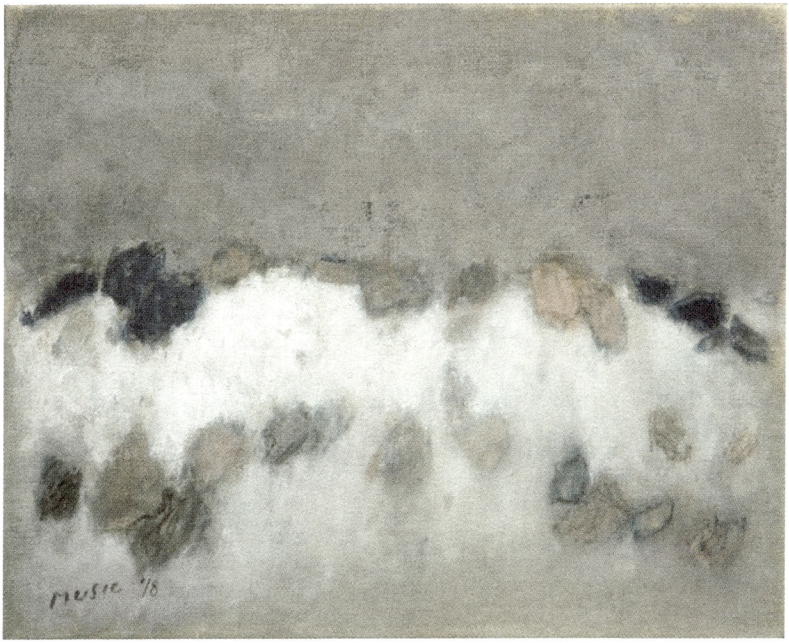
music

Cela sonne comme une maladie. Un rhume de cerveau. Le nom de la ville évoque un tas d'images qui envahissent l'esprit. Fausses, forcément, car, disons-le sans attendre, ce n'est pas là qu'il est mort, ni qu'il a vécu. Cela, je ne l'apprends que plus tard. D'abord je découvre que Gorizia est le lieu de naissance de Zoran Mušič. Dans la frénésie de ma découverte, je décide d'y aller – une simple boucle lors d'un trajet entre Trieste et Venise. Gorizia, ville frontière, à deux pas de la Slovénie, ville barrière entre deux mondes. Aujourd'hui, l'Italie. Mais alors, avant la Première Guerre mondiale, lorsqu'il y est né, cela s'appelait Görz en Autriche-Hongrie. Comme toujours, je ne sais pas vraiment ce que je cherche en m'y rendant, sans doute dois-je naïvement croire que cela me sera donné quand j'arriverai, que d'elle-même la ville me parlera de Zoran Mušič. Mais de cette attente, rien. Rien ne suinte ou jaillit. Personne, au milieu des rues étonnamment vides un samedi ordinaire de marché, ne semblait le connaître, là-bas. Chez lui, je croyais. Ville désertée, et de sa mémoire, et de ses habitants. Et moi, stupidement, je l'imaginais vivant là, hors de tout, loin du tumulte, à faire ses tableaux, consciencieusement, sa vie durant, loin du tumulte et des foules, dans une solitude productive et assumée, rivé à la sécheresse de son art comme l'arbre à la terre, avançant sans peine, éclairé par une lumière intérieure, vers une mort douce. Extrayant calmement de son corps, de plus en plus usé, des visions lointaines.

Troublé par la beauté de sa peinture, la désolation sereine qui en ressortait comme une huile précieuse, il m'était impossible d'imaginer son existence autrement que comme celle d'un saint (d'un martyr). Une existence à l'austérité de calendrier, qui convenait parfaitement à l'idée que je me faisais de l'art. Quelque part, c'était cela que j'attendais de Gorizia, qu'elle offrît ce décor à sa vie. Mais Gorizia n'était plus sa ville depuis longtemps, puisqu'il l'avait quittée très jeune, dans les affres de la guerre. Et cette ville, qui portait encore son ancien nom de Görz, il l'avait laissée derrière lui pour un ailleurs qui m'était étrangement familier. Le tumulte, dont naïvement je croyais qu'il s'était tenu à l'écart, il avait plongé dedans, puisqu'il avait vécu à Paris et à Venise, ces villes bourdonnantes qui me paraissaient si éloignées du silence oppressant de sa peinture. Dans ses superbes tableaux de désolation, aux couleurs ocre délavé, et grises, où il semblait murmurer *La mort est belle, je l'ai vécue*, ramenant de Dachau, dans sa mémoire visionnaire, des montagnes de cadavres, amoncellements de chairs sacrifiées qu'il allait extraire du pourrissement de l'oubli, en exhumant leur tragique et terrifiante splendeur, non, dans ces superbes tableaux de désolation, où la mort même se désolait d'être si envoûtante, où l'artiste ne pouvait qu'œuvrer pour inverser le travail d'anéantissement, tenant à distance la grande hache qui menaçait de l'abattre, lui. Dans ces superbes tableaux, nulle trace de tumulte – la foule amalgamée s'était tue, paix effroyable des camps tombée sur le monde, qui continuerait de hanter les silences assourdissants du moindre paysage.

Alors, lorsque j'ai su plus tard que ce n'était pas là qu'il avait vécu, ni qu'il était mort, cela n'a rien changé à l'impression que Gorizia m'avait faite. C'était une ville désolée, qui gravitait entre deux mondes, témoignant de sa survie comme un vestige réimplanté dans une ère nouvelle. Petite colline – car tel était le sens de ce mot sonnant comme une maladie – qui s'était imprimée dans la vue du peintre qui en déclinerait le relief dans ses images de paradis infernal. La ville que je cherchais était ailleurs, toujours ailleurs, hors de ses murs, traquée par mon regard, inventée par ma tête. Elle se logeait dans l'émotion que suscitait sa peinture sur mon esprit troublé. Un rhume de cerveau, finalement, pourquoi pas.

PIET MONDRIAN

Les Arbres

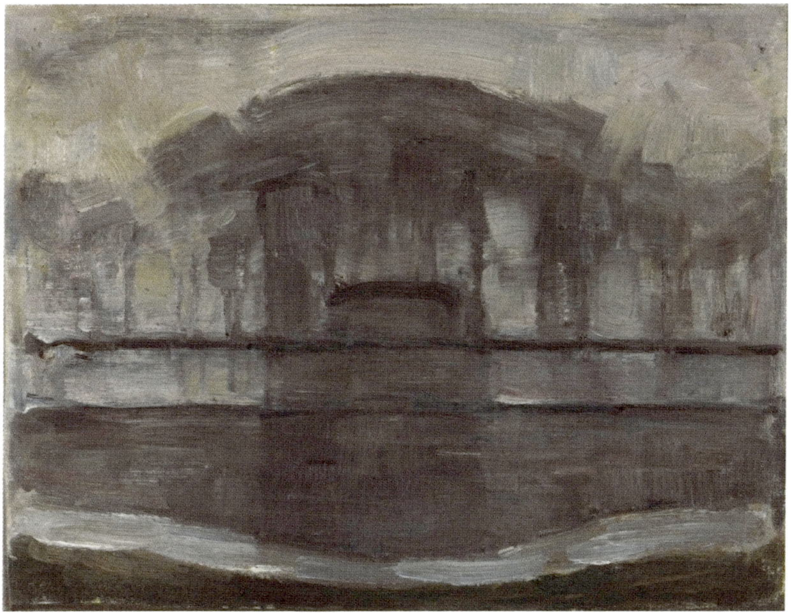

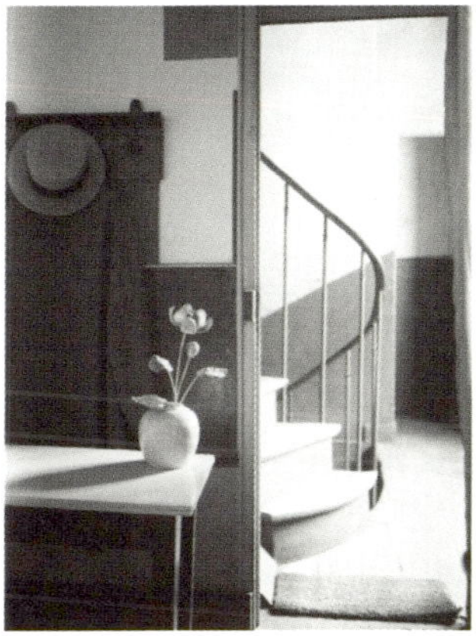

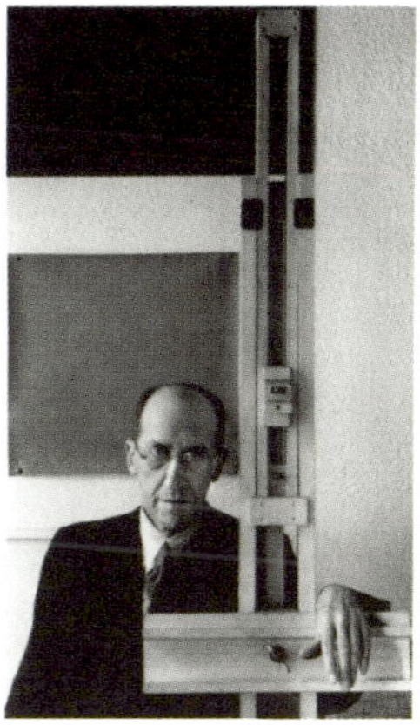

Mondrian est un peintre de paysage, un grand paysagiste.

Sam Francis

Il a banni le vert de sa peinture. S'est libéré de la contrainte de voir pour produire des images. Pourtant, avant d'atteindre à plus de quarante ans les formes géométriques composées de couleurs primaires qui allaient devenir sa marque de fabrique, Mondrian a peint des arbres. Des arbres qui seraient la première entaille dans le rapport au paysage, c'est-à-dire à l'expression du monde. Première ligne de découpage du cadre qui en se déroulant quadrillerait l'entièreté de l'espace, tisserait une toile en lieu et place du décor, révélant les nervures de la vision. Traverser le secret des formes. Avant tout, se rappeler que le paysage aplati devient image autonome. Il n'y a pas de représentation qui vaille. Souvenir de pieux enfoncés dans la mer le long de la côte hollandaise. Rencontre de la verticalité et de l'horizontalité qui ouvrirait un monde parallèle. Cette poétique des angles, il la retrouverait, la finaliserait, dans les deux grandes villes (Paris, New York) dont il ferait le siège de sa modernité. Nature oscillant entre l'architecture et le jazz. Musique pour les yeux. Déambulation carrée, vagabondage dans les aléas de l'harmonie. Faute de mieux, l'artiste se doit d'inventer lui-même la structure du réel. Dès lors, chaque toile pourrait être un fragment d'un ensemble inconnu. Une œuvre monumentale subsisterait sous l'éclatement des jours. Ce qui reste des arbres : un support. L'œuvre s'effaçant dans l'œuvre.

Giorgio Morandi

Refuge

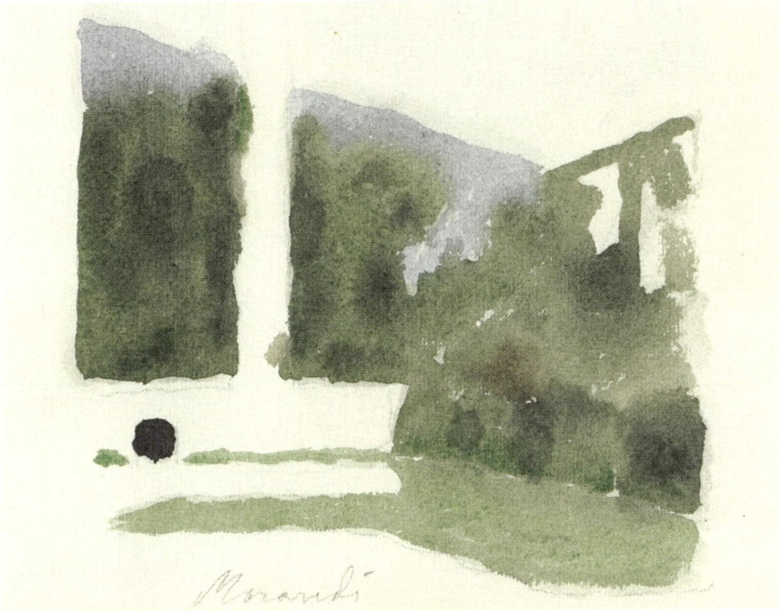
Morandi

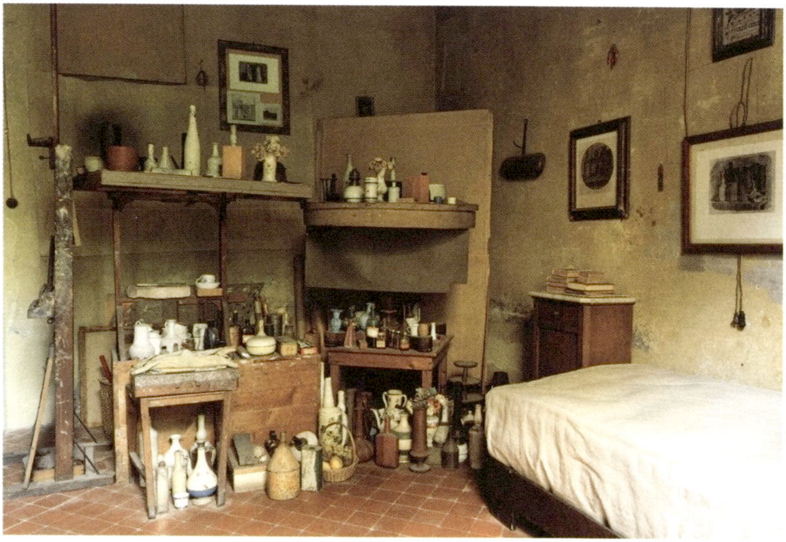

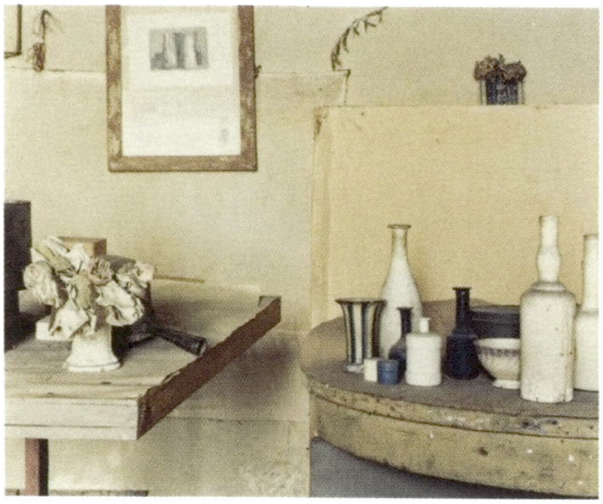

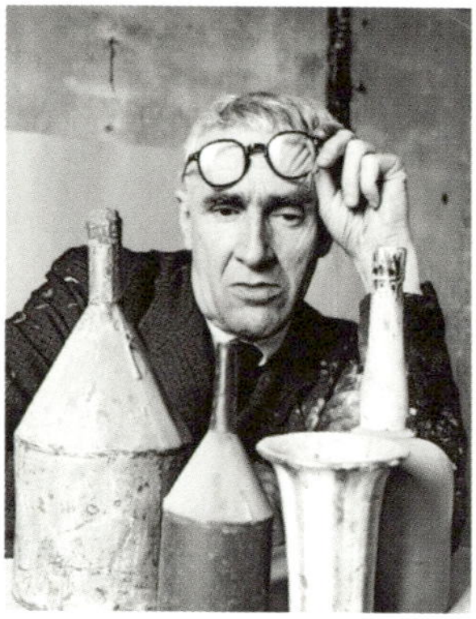

Cela ne fait aucun bruit, on pourrait dire, la reconstruction journalière de la providence. Au cœur du raffut, comme un bateau qui traverserait sans dommage la tempête, l'œuvre de Morandi d'emblée questionne, avant de fasciner. Qui – et pourquoi ! et comment ! – a peint cela ? Cela qui, lorsqu'on s'y arrête, comme ce fut le cas à Bologne, dans le musée où sont regroupées bon nombre de ses œuvres, cela qui, par l'acceptation sereine – mais on ne sait pas ce que dissimule un si grand calme, on peut suspecter que l'effroi n'est pas étranger à un ordre si millimétré –, du moins le patient travail de pacification avec le quotidien (avec l'inexorable avancée du quotidien), ne peut que déconcerter tout en laissant rêveur. Car quelle force, se dit-on, avait-il fallu pour freiner à ce point le rythme des jours, atténuer la fureur du monde, pendant une aussi longue durée que fut celle de la production picturale de Giorgio Morandi, sans plier, pour scruter comme il l'avait fait le rayonnement des choses immobiles, scruter la teneur de son regard sur elles, et sonder les infinies variations dans l'apparente répétition du même.

Et aussitôt il fallait ajouter que rien de symboliste ne sous-tendait sa démarche (la tentation existait de confondre ces regroupements organisés d'objets – comme on pouvait en voir avant un grand nettoyage ou un déménagement – se tenant sagement au centre de la toile dans un mélange de fierté et d'hébétude, avec des portraits de famille consensuels, mais mieux valait se garder d'envisager ce genre de rapprochement qui risquait de dériver vers un psychologisme réducteur). Rien de métaphysique non plus, même si on pouvait croire, et pas à tort d'ailleurs, que ces objets d'usage courant, dont parfois on avait quelque mal à discerner la fonction, revenaient d'une autre réalité, oui, comme s'ils avaient, peut-être, traversé des dimensions secrètes, été manipulés par des morts (ou des dieux), plongés dans je ne sais quel fleuve imaginaire, et que, revenus maintenant devant nos yeux organiques de mortels, quelque chose irradiait encore à travers eux de ce passage inconnu et teintait l'atmosphère d'une étrange tonalité. Un goût d'arrière-monde, d'enlisement du réel au moment où la lumière décline avant que la nuit tombe. Couleurs passées qui semblaient ancrer dans l'avenir l'image d'une nostalgie. Donc, rien de réaliste, non plus – mais quel était au juste le sens de ce mot si usité (si imprécis) ? traduire la réalité de ce que l'on voyait ? ou traduire la réalité de sa perception ? et qu'en était-il lorsque ce que l'on voyait était le fruit, non pas de la photographie d'une réalité prise sur le vif, mais de son orchestration, aussi banale fût-elle, d'une réalité soigneusement rangée par l'artiste ? D'une toile l'autre, l'on s'amusait du déplacement de tel objet ou de l'apparition de tel autre, un peu comme si l'artiste n'avait pas arrêté de bouleverser l'ordre des planètes afin d'éprouver le meilleur agencement de l'univers – le moment où l'effroi serait moindre. Mais puisque nous avions décrété qu'il ne fallait y lire aucun symbolisme, nous n'y verrons qu'un jeu formel de permutations combinatoires. Pourtant ces formes impersonnelles étaient bien nées du tâtonnement des mains dans l'enchevêtrement de vide et de matière.

Que restait-il alors de ce qui pourrait expliquer *cela*, ce geste obstiné de reproduire des vases et des boîtes, des carafes et des bols, des bouteilles et de drôles d'entonnoirs posés sur des cylindres, parfois des coquillages ou des fleurs (ces deux catégories, pouvant prétendre au statut d'objets lorsqu'elles étaient soustraites à leur milieu naturel, soulignaient l'ambivalence de l'inerte : les vases n'étaient-ils pas en train de dévorer leur contenu, et les coquillages ne gardaient-ils pas le silence ?), sinon la simple volonté de montrer des objets en tant qu'objets ? Et déjà il faudrait nuancer ce principe en rappelant l'environnement étrange, inquiétant, quasi surnaturel, dans lequel baignaient ces objets comme des humains qui se seraient soudainement retrouvés sur une autre planète dans un état de totale sidération, – mais laissons là les analogies. Le lien ténu que créait l'action des yeux avec ce petit coin de monde où le peintre fabriquait journellement sa survie était suffisant pour justifier l'œuvre, et sa laborieuse composition. Pourtant là encore subsistait un doute lorsqu'on pensait à l'autoportrait (presque) sans yeux de ses débuts, auquel feraient écho les façades sans fenêtres des maisons hantant ses paysages. Un rendez-vous d'aveugles en quelque sorte – comme il y avait des dialogues de sourds – qui, également privés de leurs autres sens, n'auraient pas d'autres choix pour tenter d'exister que d'essayer de voir malgré leur infirmité, de trouver un refuge quelque part, n'importe où, en n'importe quelle forme se distinguant dans l'obscurité, comme on laisserait en suspens l'espoir au bout d'une route dont on ignorait la destination.

Le phénomène ne peut se défaire de la substance dont il s'est extrait, qu'il doit réintégrer. Et chaque jour, avec le matin se lever, renouveler la tentative de saisir l'être au monde, déclinée en une gamme de subtiles transformations, comme si à travers l'exploration répétée et variée des structures l'on parviendrait à sentir son essence, l'on atteindrait enfin à quelque chose – l'origine des paysages par exemple, son fond sableux, ou minéral, le rayonnement de sa pauvreté. Ce qui est là ne tiendrait plus que par la fragilité d'être là. Derrière le statisme des objets rassemblés, mobilisés, au centre de la toile, en une sorte de coudoiement involontaire, on devinerait un état d'alerte : la solitude en éveil, interpellée par/interpellant des vibrations indéchiffrables. Et l'on reviendrait toujours au questionnement premier, qui peu à peu se formaliserait en une question : à quoi rime le regard butant ainsi contre la cloison impénétrable de la vue ? A rien d'autre que retenir dans le champ du vivant ce qui est voué à disparaître, que célébrer sa présence furtive. Mais pourquoi chercher, et chercher encore, à percer l'intention du peintre, à comprendre ce qu'il avait cherché à faire, – l'avait-il jamais su, lui ?

Nicolas de Staël

La sagesse et la guerre

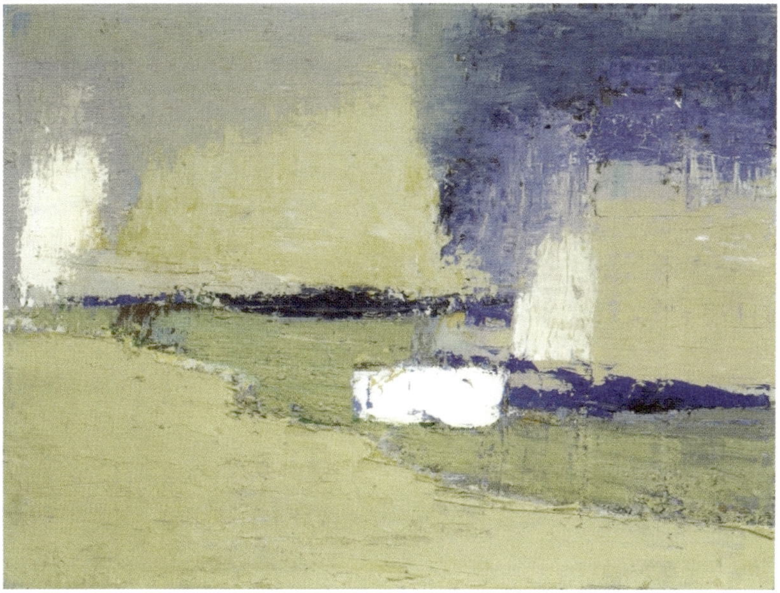

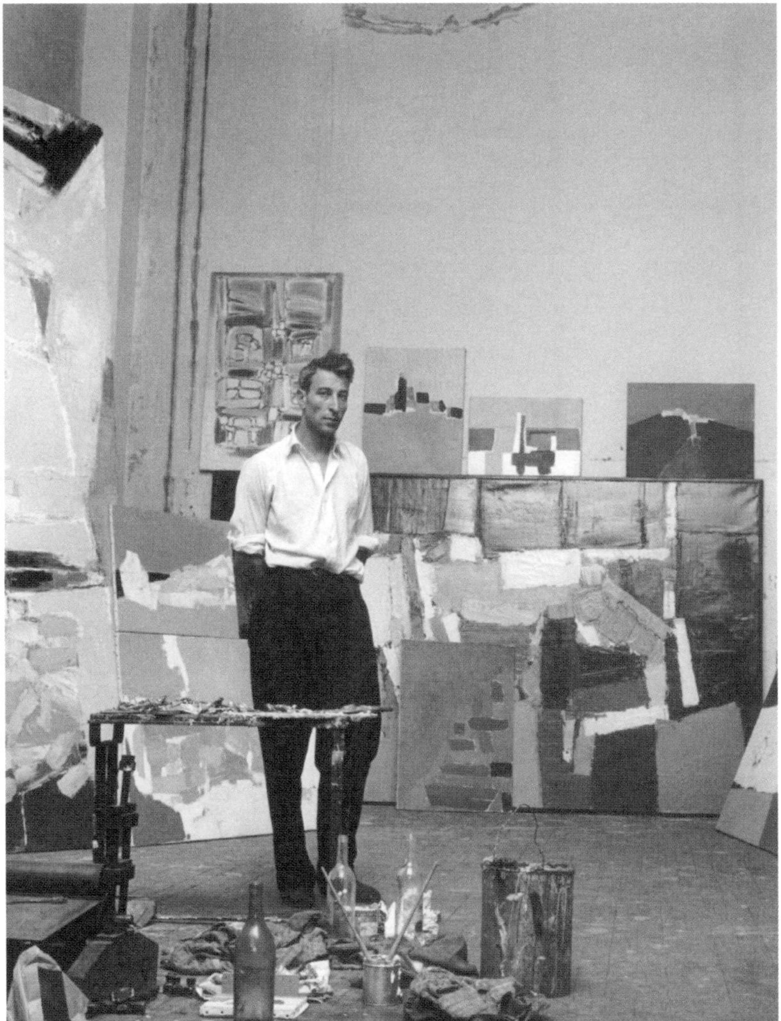

Se rapprocher toujours plus de la vision que l'on porte. Créer c'est lutter en vue d'une pacification. La lumière est telle qu'elle l'aimante. Influe sur son mouvement de vie. Le devenir de sa palette. « On ne peint pas ce qu'on voit, mais le choc qu'on a reçu. » Encore faut-il ne pas perdre cette faculté d'être « choqué ». Préserver cette grâce d'être atteint au fond de soi, y sentir remuer les fondements de la matière. Cette réceptivité intense qui vous fait convertir l'objet du regard en appel intérieur. Lorsque le succès éclate, il a cette saine riposte de s'en éloigner. Ne pas se laisser éblouir. La vague vous emporterait trop loin de ce que vous cherchez.

Oui, alors que l'Amérique (l'horizon) s'ouvrait à lui, Nicolas de Staël se replierait dans le Luberon. À cet apparent rétrécissement géographique allait répondre une flambée créatrice qui l'amènerait à côtoyer l'espace réduit à ses plus simples valeurs. La Provence par l'âpreté de son cadre serait le moyen de se délester de l'inessentiel. La lumière brute dénuderait le paysage, le découpant en tranches de couleurs pleines que brisait çà-et-là la verticalité des arbres. Face à ce strict partage des éléments (terre, pierre, ciel), le peintre se prendrait à rêver d'atteindre l'ordre secret du monde par l'expression d'une forme qui engloberait le tout dans le particulier. En réapparaissant, le motif se diluerait dans sa géométrie, comme un temple se fondant dans l'énoncé des prières qui y sont formulées. La matière ainsi délivrée de son devoir de matérialité s'allégerait jusqu'à l'évanescence. Obsession du corps de peser comme une âme, avec ses tourments en moins.

L'épure du réel révélerait l'imaginaire qui le compose. Des couches de temps anciens absorbées dans la densité du présent. Mémoire des fresques antiques, des peintures de primitifs italiens, des chants de troubadours errant sur les chemins arides du passé. Écho de souvenirs peuplant le devenir en marche. Le Sud était une direction originelle. Au Maroc, vingt ans plus tôt, Staël s'était déjà confronté à l'intensité de la lumière. Il en avait tiré des dessins éthérés, suspendus entre présence et vide. L'élan de la jeunesse s'était alors heurté à l'incapacité d'opérer la synthèse des formes et des couleurs dans un tel flamboiement. Ce retour au Sud signerait comme une revanche que les années vécues prendraient sur l'intraitable clarté. En 1953, les croquis aux traits simplifiés à l'extrême, réalisés sous l'écrasante lumière de Sicile, formeraient l'invisible armature de paysages limpides comme la charge d'un sacrement.

Une victoire culminerait dans le calme. Apothéose d'un art à son point d'équilibre. Le peintre était venu à bout de ce qui lui avait résisté. Ses empêchements avaient trouvé une issue. Mais cette impression de quiétude était un calme blanc où vibrait une menace.

Origines des textes

Le titre de ce recueil m'a été inspiré par l'intitulé de la 2e Biennale d'art contemporain et patrimoine au parc d'Enghien (Belgique) en 2018. Événement pour lequel sa commissaire Myriam Louyest m'a demandé d'écrire un texte sur la thématique du paysage, qui est repris en guise d'introduction du volume. Qu'elle en soit ici remerciée.

L'Adieu au paysage, publié précédemment aux éditions de la Différence dans la collection Matière d'images, a fait l'objet d'une lecture par l'actrice Micheline Presle dans la salle des *Nymphéas* à l'Orangerie en 2009, dans le cadre de la rétrospective Monet au Grand Palais en 2010 et au château de La Roche-Guyon en 2011.

Les textes sur Cy Twombly et Antoni Tàpies ont paru respectivement dans les numéros 47 et 49 de la revue *La Règle du jeu*.

Les textes sur Paul Klee et Zoran Mušič étaient repris dans une plaquette publiée aux éditions Maelström dans la collection Bookleg sous le titre *Impacts des balles à blanc*, à l'occasion d'un spectacle créé avec le comédien Sébastien Dutrieux.

Le texte sur Piet Mondrian a été écrit à la demande de la Scam Belgique pour une publication en ligne tandis que celui sur Giorgio Morandi a été écrit pour le site des éditions Les Impressions nouvelles en marge de la rétrospective du peintre à Bozar (Bruxelles) en 2013.

Le texte sur Nicolas de Staël a été publié dans le catalogue *Nicolas de Staël en Provence* (Hazan, 2018) paru à l'occasion de l'exposition à l'hôtel de Caumont à Aix-en-Provence.

Illustrations

Claude Monet : p. 13 : Photos de presse agence Meurisse : *Claude Monet dans son atelier*, 1926 / p. 14 : Salle des *Nymphéas*, Musée de l'Orangerie, 1930 (photo Albert Harlingue) / p. 15 : *Le Bassin aux nymphéas*, 1917-1920, huile sur toile, 200x900 cm, Fondation Beyeler / p. 15 : *Les Nymphéas, Soleil couchant*, 1915-1926, huile sur toile, 200x600 cm, Musée de l'Orangerie

Cy Twombly : p. 55 : *A Painting in Nine Parts*, 1988, acrylique sur panneaux de bois, accrochage à Houston, Menil Collection / p. 55 : Sally Mann : *Atelier de Cy Twombly*, 2006 / p. 55 : *Study for Treatise on the Veil*, 1970, collage de papier, crayon et encre, 70x100 cm, Menil Collection / p. 55 : sculptures, installation à Glenstone

Paul Klee : p. 73 : *Le Messager de l'automne*, 1922, aquarelle sur papier, 26,5x31 cm, Yale University Art Gallery / p. 73 : Félix Klee : *Paul Klee dans son atelier*, été 1939

Antoni Tàpies : p. 79 et 80 : *Rinzen*, 1992-1993, 595x1555 cm, installation, Museu d'Art Contemporani de Barcelona / p. 80 : Manuel Litran : *Antoni Tàpies dans son atelier*, 1994 / p. 80 : Ferran Sendra : *Antoni Tàpies dans son atelier*, env. 1980

Zoran Mušič : p. 93 : *Paysage vide*, 1961, huile sur toile, 73x92 cm / p. 94 : *Paysage rocheux*, 1979, huile sur toile, 23x30 cm / p. 94 : Zoran Mušič dans son atelier, Venise, années 50 / p. 95 : *Paysage rocheux*, 1978, huile sur toile, 33x41 cm

Piet Mondrian : p. 103 : *La ferme Geinrust dans la brume*, 1906-1907, huile sur toile, 32,5x42,5 cm / p. 103 : André Kertész : *Chez Mondrian*, 1926 / p. 103 : André Kertész : *Piet Mondrian dans son atelier*, 1926

Giorgio Morandi : p. 111 : *Paesaggio (Levico)*, 1957, aquarelle sur papier, 17,5x28 cm / p. 112 : Joel Meyerowitz : *Atelier de Giorgio Morandi*, 2015 / p. 112 : Luigi Ghirri : *Atelier de Giorgio Morandi*, 1989 / p. 112 : Herbert List : *Giorgio Morandi dans son atelier*, 1953

Nicolas de Staël : p. 119 : *Paysage, Ménerbes*, 1953-1954, huile sur toile, 60x81, Montpellier, musée Fabre / p. 119 : Denise Colom : *Nicolas de Staël dans son atelier*, Paris, 1954

En couverture : **Cy Twombly** : *Note I, from the series III Notes from Salalah*, 2005-2007, acrylique sur bois, 249x371,5 cm, The Doris and Donald Fisher Collection at the San Francisco Museum of Modern Art

Du même auteur

Essais sur l'art

L'Adieu au paysage, Les Nymphéas *de Claude Monet*, La Différence, 2008
Mark Rothko. Rêver de ne pas être, Les Impressions nouvelles, 2011 ; Arléa-Poche, 2014
Nicolas de Staël, le vertige et la foi, Arléa, 2014 ; Arléa-Poche, 2015
Avant Godot, Arléa, 2016. Prix Roland de Jouvenel de l'Académie Française
Visions de Goya. L'éclat dans le désastre, Arléa, 2019. Prix André Malraux
Être moi toujours plus fort – Les Paysages intérieurs de Léon Spilliaert, Arléa-Poche, 2020

Romans, récits

Une histoire d'amour, Luc Pire, 2002
Filiations, Labor, 2006
L'Homme de marbre, Luc Pire, 2008
Les Couleurs de la nuit, La Différence, 2010
Mon corps mis à nu, Les Impressions nouvelles, 2013
Paris Nécropole, L'Âge d'homme, 2014

Charlot aime Monsieur, suivi de *Ensemble, Simone et Jean sont entrés dans la rivière* et de *Mes Morts*, Espace Nord, 2015
Monet, impressions de l'étang, Arléa, 2016
Fraternelle mélancolie, Arléa, 2018

Poésie

Le Sexe et la main, L'Arbre à paroles, 2009
Le Jardin, le séisme, La Lettre volée, 2013
Chapelle du rien, L'Arbre à paroles, 2014
Art Poems, La Lettre volée, 2018
Écriture première, La Lettre volée, 2020

Reportages, entretiens

Bruxelles – Identités plurielles (reportage), Autrement, 2006
Micheline Presle, *Di(s)gressions*, conversations avec Stéphane Lambert, Stock, 2007
Claude Régy, *Dans le désordre*, propos provoqués et recueillis par Stéphane Lambert, Actes Sud, 2011. Meilleur livre sur le théâtre, prix du Syndicat de la critique, 2012

Chez le même éditeur

Essais sur l'art

Jean-Louis Baudry, *L'Enfant aux cerises*
Marcel Cohen, *Rencontres et partis pris*
Jean Daive, *Pas encore une image*
Maryline Desbiolles, *Écrits pour voir*
Pascal Dethurens, *L'Œil du monde*
Pascal Dethurens, *L'Émerveillement*
Olivier Domerg, *En lieu et place*
Renaud Ego, *Le Geste du regard*
Laurent Jenny, *Le Désir de voir*
Giorgio Manganelli, *Salons*
Jacques Moulin, *Écrire à vue*
Nicolas Pesquès, *Sans peinture*
Gaëtan Picon, *Admirable tremblement du temps*
Christian Prigent, *La peinture me regarde*
Camille Saint-Jacques & Éric Suchère, *Le Chef-d'œuvre inutile*
Jean-Claude Schneider, *La Peinture et son Ombre*
Éric Suchère, *Symptômes*
Pierre-Alain Tâche, *Une réponse sans fin tentée*
Frédéric Tristan, *L'Œil d'Hermès*

Écrits d'artistes

Francis Bacon, *Conversations*
Georg Baselitz, *Danse gothique*
Jean-Louis Bentajou, *Le Bleu des lointains*
Pierre Bonnard, *Observations sur la peinture*
Pierre Bonnard, *Les Exigences de l'émotion*
Pierre Buraglio, *Notes discontinues*
Dado, *Peindre debout*
Thieri Foulc, *Peintures non peintes*
Sam Francis, *Mon art, mon métier, ma magie...*
Monique Frydman, *Le Temps de peindre*
Patrice Giorda, *Conversation sacrée*
Käthe Kollwitz, *Mais il faut pourtant que je travaille*
Jérémy Liron, *Autoportrait en visiteur*
Markus Lüpertz, *Narcisse et Écho*
Farhad Ostovani, *Le Jardin d'Alioff*
Camille Saint-Jacques, *Talus et Fossés*
Pierre Tal Coat, *L'Immobilité battante*
Gérard Titus-Carmel, *Au Vif de la peinture, à l'ombre des mots*

Monographies

Yves Bonnefoy, *Alexandre Hollan - Trente années de réflexions 1985-2015*
Pierre Bonnard, *Au fil des jours - Agendas 1927-1946*
Jean Claus, *L'Échappée belle*

Lin Delpierre & François Laut, *La Voiture du paysage — Vies de Gustave Courbet*
Armand Dupuy, *Jérémy Liron — Récits, pensées, dérives & chutes*
Élisabeth Jacquet, *Éva Gonzalès — Rencontre avec une jeune femme moderne*
Farhad Ostovani, *Bacco di Nervi*
Frédéric Valabrègue, *Le trait, le taillis, les aguêts — Louis Pons, le dessin 1947-1970*
Vincent Wackenheim, *Joseph Kaspar Sattler ou La Tentation de l'os*

&

John Berger & Yves Berger, *À ton tour*
George Besson & Henri Matisse, *De face, de profil, de dos*
Bernard Blatter & Farhad Ostovani, *Ce que dit le silence*
Yves Bonnefoy & Gérard Titus-Carmel, *Chemins ouvrant*
Leonardo Cremonini & Régis Debray, *L'Hypothèse du désir*
Jean Dubuffet & Marcel Moreau, *De l'Art Brut aux Beaux-Arts convulsifs*
Jean Dubuffet & Valère Novarina, *Personne n'est à l'intérieur de rien*
Pierre Matisse & Joan Miró, *Ouvrir le feu*

Conception graphique : Juliette Roussel
Impression : Jelgavas Tipografija

ISBN 978-2-85035-013-9
www.editionslateliercontemporain.net

Ouvrage publié avec le concours de la
Direction régionale des Affaires culturelles
et de la Région Grand Est